Lisa Prange · Laure Kuntz

Pochette-surprise

*Aktivitäten
für den Französischunterricht*

Max Hueber Verlag

3. 2. 1.   Die letzten Ziffern
2000 1999 98 97 96   bezeichnen Zahl und Jahr des Druckes.
Alle Drucke dieser Auflage können, da unverändert,
nebeneinander benutzt werden.
1. Auflage
© 1996 Max Hueber Verlag, D-85737 Ismaning
Verlagsredaktion: Micheline Funke
Umschlaggestaltung: Zembsch' Werkstatt, München
Layout: Erentraut Waldau, Ismaning
Zeichnungen: Heinrich Haisch
Satz: Design-Typo-Print GmbH, Ismaning
Druck: Ludwig Auer GmbH, Donauwörth
Printed in Germany
ISBN 3-19-003237-8

Sommaire

Avant-propos

Le jeu ne constitue pas une méthode d'apprentissage en soi, il en est un complément et un enrichissement. Le jeu implique solidarité, tolérance et franchise de la part des apprenants. Il implique aussi un changement de rôle et d'attitude de la part de l'enseignant qui sera à la fois animateur, personne-ressource et arbitre. Les résultats très convaincants obtenus par l'expérimentation d'activités ludiques dans la classe nous encouragent à publier cette gamme de jeux qui, nous l'espérons , vous convaincra par sa diversité et sa convivialité.

Cet éventail d'activités se présente comme une „pochette-surprise" et sera le tremplin idéal pour une pratique efficace d'activités langagières.

Expérimentés tant au niveau de l'enseignement secondaire qu'à celui de l'enseignement aux adultes, ces jeux contribueront à consolider et à approfondir les structures grammaticales et lexicales de la langue française. L'enseignant est libre de les adapter et de les transformer en fonction de son public. Cet ouvrage regroupe 44 activités répertoriées par catégories. Les pictogrammes permettent de faire le point sur le déroulement du jeu choisi et le résumé des contenus à la fin du livre définit clairement les objectifs fixés.

A vous d'engager la partie! Vous serez récompensé par l'enthousiasme, la bonne humeur et la créativité de vos apprenants. Vous constaterez que le jeu ne constitue pas un mode d'apprentissage fermé mais qu'il mène à un déblocage de l'expression orale. Vous n'avez rien à perdre mais tout à gagner. Jouez le jeu!

Jeux de cartes

Pour tous les jeux de cartes, pensez à faire au préalable des photocopies que vous collerez sur un carton avant de procéder au découpage. Pour le jeu n° 2, n'oubliez pas de coller les réponses au dos des cartes!

3–8 joueurs

jeu de cartes

moyen

10'

1 Questions indiscrètes

Les participants sont assis autour d'une table. L'un d'eux mélange les cartes et un autre les étale sans les retourner.

Le premier joueur prend une carte de son choix et lit à haute voix la question à son voisin de gauche qui doit essayer d'y répondre le plus sincèrement possible et, le cas échéant, de justifier sa réponse.

Le joueur qui vient de répondre à une question tire une autre carte et pose la question à son voisin de gauche et ainsi de suite dans le sens des aiguilles d'une montre.

Quand toutes les questions ont été posées, les cartes sont de nouveau mélangées et c'est reparti pour un tour. Si un joueur tombe sur une question à laquelle il a déjà répondu, il peut la poser à un joueur de son choix.

Qu'est-ce que vous aimez faire pendant vos loisirs?	Quel est votre plat préféré?	Dans quelle situation vous arrive-t-il de mentir?	Quelles qualités appréciez-vous surtout chez les autres?	Quelles personnes ont eu sur vous une influence positive ou négative?	De quoi avez-vous peur?	Où aimeriez-vous habiter?	Quel a été le moment le plus heureux de votre vie?
Quel personnage célèbre admirez-vous et pourquoi?	Quelle est votre lecture préférée et pourquoi?	Dans la vie de tous les jours qu'est-ce qui vous énerve le plus?	Qu'est-ce que vous aimeriez changer en vous et pourquoi?	Si vous deviez être un animal, lequel aimeriez-vous être?	Quelle est la profession de vos rêves et pourquoi?	Aimez-vous fréquenter les bars? Justifiez votre réponse.	Avez-vous des projets d'avenir?
Lisez-vous régulièrement votre horoscope?	Si vous étiez en mesure de vous acheter un objet très cher, lequel choisiriez-vous?	Dans quelle situation avez-vous déjà eu recours à votre ange gardien?	Quel est votre plus grand défaut?	Dans quelle situation vous arrive-t-il de rougir?	Même en ayant très faim, qu'est-ce que vous ne pourriez vraiment pas manger?	Quelle est pour vous la pire des agressions?	De quelle manière peut-on vous faire très très plaisir?

3–5 joueurs

jeu de cartes

moyen

10'

2   Libre comme l'air

Les participants sont assis autour d'une table sur laquelle ils étalent toutes les cartes sans les retourner.

Le premier joueur choisit une carte au hasard et demande à son voisin de gauche de trouver l'adjectif correspondant au dicton. L'adjectif proposé est comparé avec la réponse qui se trouve au dos de la carte. Si la réponse est juste, le joueur qui a tiré la carte, la garde. Si la réponse est fausse la carte sera remise dans le tas. Puis c'est au tour du prochain de demander l'adjectif à son voisin de gauche (dans le sens des aiguilles d'une montre).

heureux	rapide	doux	grand
bavard	blond	aimable	fier
laid	léger	triste	rusé
sourd	myope	mouillé	ficelé
nu	sage	joli	bête

grand comme une girafe	doux comme un agneau	rapide comme l'éclair	heureux comme un poisson dans l'eau
fier comme un coq	aimable comme une porte de prison	blond comme les blés	bavard comme une pie
rusé comme un renard	triste comme un jour de pluie	léger comme un papillon	laid comme un pou
ficelé comme un saucisson	mouillé comme une soupe	myope comme une taupe	sourd comme un pot
bête comme ses pieds	joli comme un cœur	sage comme une image	nu comme un ver

3 Qualités et défauts

3–6 joueurs

Chaque être humain se caractérise par ses qualités mais aussi par ses défauts. L'enjeu ici est de retrouver à chaque fois un des contraires et de poser une question au groupe contenant soit l'adjectif de la qualité, soit celui du défaut. Ex: «Est-ce que les femmes sont en général plus dépensières que les hommes?»

jeu de cartes

Les participants sont assis autour d'une table. Battre les cartes et les distribuer: pour 3 joueurs, 8 cartes; pour 4 joueurs, 6 cartes; pour 6 joueurs, 4 cartes.

avancé

Si un joueur arrive avec les cartes qu'il a reçu à former un couple (un adjectif et son contraire), il dit «stop», lit à haute voix les deux adjectifs, pose sa question au groupe et laisse ses deux cartes-couple devant lui.

20'

Un participant donne le signal du départ, les joueurs disent ensemble et en même temps «un, deux, trois, passez!» et passent une carte de leur choix à leur voisin de gauche. Si un ou plusieurs joueurs arrivent à former un couple, ils disent «stop», comme mentionné plus haut et posent leur question.

Le jeu est terminé lorsque tous les couples sont trouvés. Le joueur qui a obtenu le plus grand nombre de couples a gagné.

Pour aller plus loin: Essayer de retrouver toutes les formes des adjectifs au féminin.

courageux	pessimiste	consciencieux
gai	triste	discret
modeste	mou	impatient
curieux	patient	négligent
énergique	peureux	nerveux
calme	bête	orgueilleux
intelligent	sûr de soi	timide
économe	optimiste	dépensier

4 Qu'est-ce que c'est?

3–6 joueurs

jeu de cartes

avancé

30'

Les cartes sont battues et distribuées: cinq par joueur. Formez un tas avec le reste qui servira de pioche, prenez la carte du haut, retournez-la et posez-la à côté de la pioche: c'est la carte de départ.

Le premier joueur essaye de trouver un objet correspondant à la description de la carte retournée et correspondant aussi à la description d'une des cartes qu'il possède. Ex: On peut le tenir dans la main … on l'utilise pour le ménage: le joueur pense au mot «balai». Si le joueur arrive à trouver un objet plausible, il pose sa carte sur la carte de départ mais ne dit surtout pas à quel objet il pense. Le second joueur devra lui-aussi trouver un objet correspondant à la description de la carte posée par le joueur précédent et correspondant à l'une des ses propres cartes. Il ne nommera toujours pas l'objet auquel il pense et posera sa carte sur le tas déjà commencé. Si un joueur ne possède pas de carte correspondante, il devra piocher (mais une seule fois) pour essayer de trouver un objet correspondant aux descriptions déjà proposées. S'il n'a toujours pas de carte adéquate, il passera son tour.

Naturellement, un joueur peut essayer de bluffer les autres en posant une carte sans avoir trouvé d'objet. C'est risqué parce qu'un autre joueur a la possibilité de lui demander. «Qu'est-ce que c'est?». Si le joueur questionné ne peut pas aussitôt donner de réponse, il doit prendre toutes les cartes déjà déposées par les autres à l'exception de la carte de départ. Mais si, par contre, il arrive à nommer un objet, pas de chance pour celui qui a posé la question: c'est à lui de prendre toutes les cartes!

Lorsqu'il n'y a plus de cartes dans la pioche, on ramasse les cartes déposées, les bat et les remet en tas pour former une nouvelle pioche, en prenant soin de garder une carte de départ qui sera, dans ce cas, la dernière carte déposée. Le jeu contient deux jokers qui pourront intervenir pour éviter à un joueur de piocher.

Le joueur qui se sera, le premier, débarassé de toutes ses cartes aura gagné.

On le prend avec soi en voyage	On peut l'accrocher au mur	C'est en bois	On doit le laver après utilisation	On en offre souvent	On le boit aussi bien chaud que froid	On l'utilise au bureau	On peut le tenir dans la main
On le fabrique dans une usine	On doit d'abord le peler avant de le manger	Cela ne se vend normalement pas à la pièce	On le jette après l'emploi	On l'importe d'Afrique	Ce sont surtout les femmes qui l'utilisent	Certains s'énervent en le voyant	On peut se cacher derrière
On doit le brancher avant emploi	On l'achète normalement à la pièce	Joker	On le prête facilement	On le mange aussi bien froid que chaud	Ce sont surtout les hommes qui l'utilisent	On peut s'habiller avec	Il n'existait pas encore au siècle dernier

- On peut s'y asseoir
- Cela ne coûte pas plus de 50 francs
- C'est vraiment très utile
- Il fait plaisir à beaucoup de personnes
- C'est vite cassé
- C'est bon pour la santé
- On peut le manger
- On l'utilise pour faire le ménage
- On peut l'acheter dans un grand magasin
- On peut réparer ou bricoler avec
- Beaucoup en rêvent
- On l'utilise pour faire la cuisine
- C'est un moyen de locomotion
- Joker
- On peut jouer avec
- On peut travailler avec
- On l'utilise dans la salle de bains
- On peut s'y allonger
- On doit payer une grosse somme pour pouvoir l'acheter
- On en a souvent plusieurs
- Il fait très plaisir aux enfants
- Les hommes s'y intéressent tout particulièrement
- Les femmes s'y intéressent tout particulièrement
- On peut mettre quelque chose dedans

4–6 joueurs

jeu de cartes

débutant

20'

5 A tire-larigot

Ce jeu est très connu mais c'est un bon stimulant pour l'expression orale et la dynamique de groupe.

Selon le nombre de participants, constituez au moins deux équipes (sinon trois, quatre ou plus) avec un minimum de quatre joueurs chacune. Les participants forment un demi-cercle devant lequel sera placée une chaise.
Disposez par tas et par équipe le même nombre de cartes que de participants mais chaque équipe aura des cartes différentes.

Un participant s'installe sur la chaise, un autre tire une carte et la montre aux autres partici-pants de l'équipe. C'est à l'équipe maintenant de fournir au participant assis sur la chaise le plus de renseignements que possible pour lui permettre de deviner le mot représenté sur la carte. Interdiction absolue de mimer mais le participant assis sur la chaise a le droit de poser des questions auxquelles les autres joueurs répondent uniquement par OUI ou par NON. Une fois le mot deviné, c'est à un autre participant de s'asseoir sur la chaise et ainsi de suite.

La première équipe qui aura fini, aura gagné. Puis les équipes liront à haute voix la liste de leurs mots.

des petits pois	un cheval	un toit	des chaussures
une bicyclette	une machine à coudre	une raquette de tennis	une tente
un ordinateur	un fusil	une brosse à cheveux	une bouteille de lait
un éventail	une ceinture	une bague	un fer à repasser
un miroir	une télécarte	une pelouse	une gomme

Jeux d'entente

Les jeux d'entente sont des jeux coopératifs.

Règle du jeu pour tous les jeux d'entente:

Le but de ces jeux est que les joueurs se mettent d'accord sur la formule qui complètera chaque phrase. Les joueurs font des propositions au groupe qui les acceptera ou les refusera. Si un participant refuse une proposition, il devra justifier son refus. À la fin de la discussion, le groupe se mettra d'accord sur une seule proposition.

2–3 joueurs

débutant

10'

6 D'accord – Pas d'accord

▶ Règle du jeu page 19

J'adore lire. Et vous? Et toi?
Oui, moi aussi.
Non, moi pas du tout, parce que …

Comment trouvez-vous/trouves-tu ce livre?
Je le trouve superbe.
Je ne l'ai pas fini parce que …

Est-ce que vous êtes/tu es d'accord avec la fin?
Oui, tout à fait.
Non, absolument pas, parce que …

a) On trouve _____ superbe.

b) On n'aime pas _____ .

c) On aime bien jouer _____ .

d) On préfère _____ .

e) On aimc manger _____ .

f) On déteste boire _____ .

g) On trouve _____ très amusant.

h) On adore faire _____ .

i) On pense que _____ ,

c'est bon pour la santé.

j) On voudrait aller plus souvent _____ .

k) On aime particulièrement la couleur _____ .

l) On regarde avec plaisir _____ .

7   *La bourse aux échanges*

2–3 joueurs

débutant

10'

▶ Règle du jeu page 19

> J'ai déjà mangé des escargots. Et vous? Et toi?
> Moi aussi.
> Non, moi jamais.
>
> Je ne suis jamais allé en Espagne. Et vous? Et toi?
> Moi, oui, souvent.
> Moi non plus.
>
> Est-ce que vous savez tricoter?
> Oui, moi très bien.
> Non, pas du tout, parce que …

a) Nous pouvons _____ .

b) Nous savons déjà _____ .

c) Nous connaissons très bien _____ .

d) Nous ne sommes jamais allés _____ .

e) Nous avons déjà perdu _____ .

f) Nous avons appris très vite _____ .

g) Nous n'avons jamais lu _____ .

h) Nous avons déjà eu _____ .

i) Nous ne voulons plus jamais _____ .

j) Nous ne parlons pas du tout _____ .

k) Nous n'avons jamais bu _____ .

l) Nous ne pouvons pas encore _____ .

2–3 joueurs

moyen

10'

8 *Souvenirs d'enfance*

▶ Règle du jeu page 19

Quand j'étais petit, je devais aller tous les soirs très tôt au lit.

Quand j'étais jeune, je devais toujours faire attention à mon petit frère.

À l'école, je n'écoutais jamais.
            j'aimais beaucoup la géographie.

Autrefois, je détestais les épinards.

Et pour vous/pour toi, c'était aussi la même chose?
Oui, exactement.
Oui, à peu près.
Non, pas du tout, parce que …

a) À l'âge de _____ , nous avons pour la première fois _____ .

b) Avec nos copains, nous _____ .

c) À l'école, nous _____ .

d) Quand nous étions petits, nous _____ .

e) Nos parents voulaient toujours que nous _____ .

f) Notre jouet préféré, c'était _____ .

g) Quand nous étions seuls, nous _____ .

h) Vers 7 ans, nous détestions _____ .

i) Nous n'avions jamais l'autorisation de _____ .

j) Lorsque nous avons perdu notre première dent, nous _____ .

k) Une fois, nous _____ .

l) Nos frères et nos sœurs ne voulaient jamais que nous _____ .

m) Autrefois à la maison, nous devions _____ .

n) Notre dessert préféré, c'était _____ .

o) À nos anniversaires, nous _____ .

p) L'histoire que nous préférions écouter, c'était _____ .

9 *En avant les sentiments*

2–3 joueurs

moyen

15'

▶ Règle du jeu page 19

> Par exemple, je suis content quand …
> Cela me fait très plaisir quand …
> Je suis ravi quand …
> Je suis triste / malheureux / furieux / découragé / fâché / mécontent quand …
> Cela m'énerve / me crispe / m'agace / me met en colère quand …
> Je suis déçu / vexé quand …
> J'ai peur quand …
> Je suis fier(fière) quand …
> J'ai souvent envie de …
> Je suis ému / touché / étonné quand …
> Cela me console quand …
>
> Et vous/toi? Vous réagissez de la même façon?   Oui, exactement pareil.
> Oui, à peu près pareil.
> Non, pas du tout, parce que …

a) Cela nous fait très plaisir quand _____ .

b) Nous nous ennuyons à mourir quand _____ .

c) Nous perdons patience quand _____ .

d) Nous ne pouvons pas nous empêcher de rire quand _____ .

e) Nous avons le cœur gros quand _____ .

f) Nous sommes très fiers quand _____ .

g) Nous avons peur quand _____ .

h) Nous sommes émus quand _____ .

i) Nous sommes ravis quand _____ .

j) Nous souffrons quand _____ .

k) Nous nous enthousiasmons facilement pour _____ .

l) Nous sommes bouleversés quand _____ .

m) Nous sommes découragés quand _____ .

2–3 joueurs

avancé

15'

10   *Parler de la pluie et du beau temps*

▶ Règle du jeu page 19

Je pense Je crois Je suppose J'imagine Je présume Je suis convaincu(e) Je suis persuadé(e)	que

À mon avis …
Je partage l'avis que
Pour moi, il est important de …
Impossible de …

Vous partagez/Tu partages cette opinion? Qu'est-ce que vous en dites/ tu en dis?	Oui, tout à fait d'accord. Oui, d'accord, mais … Non, pas du tout, parce que … Absolument pas. Pour moi, c'est tout le contraire, parce que …

a) Pour nous, de vrais amis, ce sont ceux qui _____ .

b) Nous sommes convaincus qu'il ne faut jamais _____ .

c) Nous pensons qu'il y a cent ans la vie était _____ .

d) À notre avis, la jeunesse _____ .

e) Cela nous dérange beaucoup de _____ .

f) Pour nous l'amour, c'est _____ .

g) Impossible d'imaginer le monde sans _____ .

h) Le plus important pour une religion, c'est/ce sont _____ .

i)   Nous supposons que sans la Francophonie, la France _____ .

j)   C'est désespérant de constater que _____ .

k) Nous partageons l'avis que _____ .

l)   Nous pensons qu'un bon professeur de français devrait _____ .

m) Nous jugeons que ce serait une faute grave de _____ .

n) Nous espérons que _____ .

11 Les professions

2–8 joueurs

▶ Règle du jeu page 19

Équipes de huit, de quatre ou de deux joueurs.
Préparer à l'avance les petits papiers et penser à faire les photocopies.

papier et crayon

Écrire tout d'abord les huit professions de la grille page 26 – et autant de fois qu'il y a d'équipes – sur des petits bouts de papiers qui seront ensuite pliés en quatre. Chaque équipe reçoit huit papiers contenant les huit professions proposées et chaque joueur tire un, deux ou quatre papiers, selon le nombre de joueurs par équipe sans le (ou les) montrer aux autres participants. Puis chaque joueur note, à part sur une feuille de papier, cinq qualités en rapport avec la profession qu'il a tirée. Une fois ce travail fini, un joueur, au choix, lit cinq qualités à son équipe, les autres participants devant deviner de quelle profession il s'agit. Et ainsi de suite jusqu'à ce que les huit professions soient devinées. Les participants de chaque équipe se mettront ensuite d'accord pour remplir la grille, distribuée (une par équipe) seulement au moment où chaque équipe aura deviné les huit professions. Les grilles seront à la fin comparées entre les différentes équipes.

moyen

30'

Je pense qu'un professeur doit d'abord être …
Je trouve qu'un médecin doit avant tout …

Le plus important, c'est qu'il soit / c'est qu'elle soit …
Ce n'est pas très important pour un professeur de …
Il est important pour un commerçant de …

À mon avis, une infirmière doit absolument …

Impossible d'imaginer un médecin qui … , parce que …

Professions / Qualités	coiffeur	dentiste	parfumeur	instituteur	psychologue	journaliste	banquier	agriculteur
						X		

Jeux de logique

Les jeux de logique sont des jeux coopératifs. Le but de ces jeux est de trouver en commun la solution du problème en se servant des indications données qui ne sont pas les mêmes pour le partenaire A et le partenaire B. Vous trouverez les solutions de tous les jeux de logique à la page 101.

2 joueurs

papier et crayon

moyen

20'

12 Notre rue

Partenaire A

Aux numéros 1 à 9, côté impair de votre rue habitent cinq personnes. Que savez-vous sur elles? À vous de jouer au détective en vous servant de vos informations ci-dessous et en travaillant avec votre partenaire B qui, lui, en détient d'autres.

	N° 1	N° 3	N° 5	N° 7	N° 9
Nom					
Âge					
Profession					
Passe-temps					
Plat préfére					

Vos informations:

a) L'enfant et la passionnée de natation sont voisines.
b) Le monsieur avec les cheveux blancs est à la retraite depuis très longtemps.
c) Une des personnes – qui est une femme – adore les tartes aux fraises. Son passe-temps préféré, c'est la photographie.
d) Le retraité et le vendeur ont le même passe-temps.
e) Alain a 21 ans.
f) La laborantine ne mange que du fromage.
g) Monsieur Merlan habite au n°9.
h) La voisine de Monsieur Merlan est née le même jour que lui mais pas à la même date, bien sûr, puisqu'elle a quarante ans de moins.
i) Madame Camille a 39 ans.
j) La voisine d'Alain a 7 ans et va à l'école primaire.

12   *Notre rue*

Partenaire B

Aux numéros 1 à 9, côté impair de votre rue habitent cinq personnes. Que savez-vous sur elles? À vous de jouer au détective en vous servant de vos informations ci-dessous et en travaillant avec votre partenaire A qui, lui, en détient d'autres.

	N° 1	N° 3	N° 5	N° 7	N° 9
Nom					
Âge					
Profession					
Passe-temps					
Plat préféré					

Vos informations:

a) Françoise a 7 ans.
b) Le retraité et l'écolière adorent les spaghettis.
c) Monsieur Merlan fête l'année prochaine ses quatre-vingt-dix ans.
d) Alain habite entre la maison de Françoise et celle de Madame Lambert.
e) La femme médecin habite au n°7.
f) Alain est vendeur dans un magasin d'électroménager.
g) La femme qui habite au n°1 va très souvent à la piscine.
h) Le jeune homme est un passionné de lecture.
i) Françoise adore faire du vélo.
j) Alain mange une entrecôte de 300 grammes tous les soirs.

2 joueurs

papier et crayon

![owls] avancé

![hourglass] 20'

13 A la cantine

Partenaire A

A la cantine de la Société SIMEX cinq collègues déjeunent aujourd'hui ensemble. En vous servant de vos informations ci-dessous et en travaillant avec B qui en détient d'autres, vous aurez vite résolu ce problème de logique.

	N° 1	N° 3	N° 5	N° 7	N° 9
Prénom					
Profession					
Plat					
Dessert					
Boisson					

Vos informations:

a) Louis n'est pas ingénieur comme son voisin de gauche. Il ne boit jamais d'alcool et déteste la paella.

b) La voisine de droite de René s'appelle Nadine. Elle a pris le même dessert que Martine. Le midi et le soir, elle boit toujours du vin mais jamais du rouge ou du rosé.

c) Bernard, le voisin de Louis, n'aime pas les desserts sucrés: «Trop de calories, pas assez de vitamines», dit-il.

d) Le collègue qui est représentant, ne refuse jamais un verre de vin rouge, même s'il est végétarien.

e) La comptable qui mange le midi toujours froid, propose à l'ingénieur un peu de sa salade avec son steak-frites.

f) Aujourd'hui, il n'y a que des bananes comme fruit. Bernard dit que ça fait grossir et qu'il n'en veut pas.

g) La directrice du personnel déteste les lentilles et fronce le nez en voyant celles de Louis qui n'aime pas non plus ce qu'elle a commandé.

h) Martine est en bout de table, comme Louis d'ailleurs. Elle n'est pas végétarienne comme son voisin de droite, René.

i) Louis se plaint que l'eau soit trop froide.

13   A la cantine

Partenaire B

A la cantine de la Société SIMEX cinq collègues déjeunent aujourd'hui ensemble. En vous servant de vos informations ci-dessous et en travaillant avec A qui en détient d'autres, vous aurez vite résolu ce problème de logique.

	N° 1	N° 3	N° 5	N° 7	N° 9
Prénom					
Profession					
Plat					
Dessert					
Boisson					

Vos informations:

a) La directrice du personnel fait remarquer que de manger des lentilles et ensuite une mousse au chocolat n'est vraiment pas digeste.
b) Bernard suit en ce moment un cours pour devenir informaticien comme son voisin de droite.
c) Martine ne boit qu'en dehors des repas. C'est son secret pour maigrir.
d) Nadine demande à son voisin de gauche la permission de goûter à son gratin de légumes et le trouve excellent.
e) Le voisin de droite de Nadine a déjà bu quatre bières.
f) René va chercher le dessert de Nadine et lui demande si elle veut de la crème chantilly avec sa glace. Elle lui répond que non.
g) Martine a acheté des oranges, ce matin. Elle va en chercher une dans son bureau pour l'offrir à son collègue qui aime tellement les vitamines.
h) La comptable est généreuse: elle offre un verre de vin à son voisin de gauche.
i) Martine pense qu'elle aurait dû prendre une tarte aux pommes comme son voisin. Tant pis, ce sera pour demain!

2 joueurs

papier et crayon

moyen

20'

14 Photo de famille

Partenaire A

Imaginez une photo sur laquelle se trouvent réunis six membres d'une même famille. Avez-vous envie de mieux connaître ces personnages? Rien de plus facile: il vous suffit de lire les informations ci-dessous et de travailler avec votre partenaire B qui détient, lui, d'autres informations . Avec un peu de logique, vous y arriverez très vite.

Noms						
Degrés de parenté des personnes entre elles						
Passe-temps						
Âge						

Vos informations:

a) La grand-tante de Michel adore tricoter et broder.
b) La mère de Didier fait de très belles aquarelles et son petit-fils a la même passion qu'elle.
c) Le monsieur qui est complètement à droite sur la photo a 34 ans.
d) Michel est debout à gauche de sa grand-mère.
e) La nièce de Sophie s'appelle Véronique.
f) Le beau-père de Sophie s'appelle Paul.
g) Sur la photo, Didier se trouve à droite de son grand-père qui lit au moins un livre par semaine.
h) La tante de Didier s'appelle Charlotte et elle a 58 ans.
i) Le petit-fils de Paul est le fils de Sophie.
j) Sur cette photo et de gauche à droite, les femmes sont âgées respectivement de 58, 29 et 62 ans.

14 Photo de famille

Partenaire B

Imaginez une photo sur laquelle se trouvent réunis six membres d'une même famille. Avez-vous envie de mieux connaître ces personnages? Rien de plus facile: il vous suffit de lire les informations ci-dessous et de travailler avec votre partenaire B qui détient, lui, d'autres informations . Avec un peu de logique, vous y arriverez très vite.

Noms						
Degrés de parenté des personnes entre elles						
Passe-temps						
Âge						

Vos informations:

a) L'arrière petit-fils de Paul a 5 ans.
b) Le monsieur qui a 34 ans s'appelle Didier.
c) La cousine de Didier adore les randonnées.
d) L'arrière petit-fils de Paul s'appelle Michel.
e) La fille de Charlotte est entre sa mère et Michel.
f) La sœur de Sophie est complètement à gauche sur la photo.
g) Le neveu de Charlotte joue souvent au tennis. Il est très doué.
h) La belle-fille de Paul est entre son beau-père et son petit-fils.
i) Le petit-fils de Paul est âgé de 34 ans.
j) Le doyen de la famille vient de fêter ses 86 ans.

Jeux de négociations

Les jeux de négociations sont des jeux interactifs qui se jouent à deux (pour le jeu n° 20 «Un dimanche à trois», à trois partenaires).
Pour compléter le jeu n° 17 „Bon voyage" vous pouvez demander aux équipes de placer les villes sur une carte de France que vous trouverez à la page 105.

15   L'agenda

2 joueurs

papier et crayon

débutant

10'

Partenaire A

Voilà votre emploi du temps pour cette semaine:

1. Inscrivez dans votre agenda cette liste. Attention: n'oubliez surtout pas que vous adorez vous coucher tôt!

Rendez-vous chez le dentiste
Rendre visite à Tante Louise à l'hôpital
Courses pour la semaine
Gymnastique
Aller conduire Maman à la gare
Acheter un cadeau pour l'anniversaire de Dominique
Une grande balade en forêt avec le chien
Passer à l'agence de voyages
Coiffeur

2. Avec votre partenaire B, vous voulez aller à une exposition. Regardez votre agenda et fixez un rendez-vous avec lui.

> Quand auriez-vous/aurais-tu le temps de ...?
> Est-ce que vous avez/tu as le temps de ...?
> Aimeriez-vous/aimerais-tu venir avec moi pour ...?
>
> Est ce qu'on pourrait se voir ..., par exemple?
> Que pensez-vous/penses-tu de ...?
>
> Quel jour vous/te convient/et à quelle heure?
> Vous préférez/tu préfères le matin ou l'après-midi?
> ...
> Oui, avec plaisir/volontiers.
> Quelle bonne idée, avec plaisir!
>
> Oui, cela me convient très bien.
> Oui parfait, entendu.
> Je préfererais le ... à ... heures.
> Je ne serais pas libre avant ...
> Mercredi cela ne va pas mais ..., par exemple.
>
> Désolé(e) je ne suis absolument pas libre cette semaine. On pourrait remettre ça à la semaine prochaine.
> Je regrette, je suis pris(e) ce jour-là.

3. Vous avez noté votre rendez-vous avec B. Demandez-lui maintenant ce que vous pourriez encore faire ensemble.

> Auriez-vous envie/Aurais-tu envie de ...?
> ...
> Oui, avec plaisir. Et quand?
> Non, désolé(e) mais ça ne me convient pas. On pourrait ...

13 Lundi	14 Mardi	15 Mercredi	16 Jeudi	17 Vendredi	18 Samedi	19 Dimanche
8	8	8	8	8	8	8
9	9	9	9	9	9	9
10	10	10	10	10	10	10
11	11	11	11	11	11	11
12	12 *Rendez-vous*	12	12	12	12	12
13	13	13	13	13	13	13
14	14	14	14	14	14	14
15	15	15	15	15	15	15

15 L'agenda

Partenaire B

Voilà votre emploi du temps pour cette semaine:

1. Inscrivez dans votre agenda cette liste. Attention: n'oubliez surtout pas que vous adorez faire la grasse matinée!

2. Avec votre partenaire A, vous voulez aller à une exposition. Regardez votre agenda et fixez un rendez-vous avec lui.

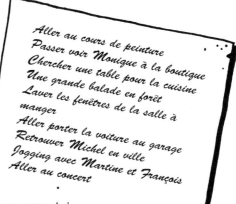

Aller au cours de peinture
Passer voir Monique à la boutique
Chercher une table pour la cuisine
Une grande balade en forêt
Laver les fenêtres de la salle à manger
Aller porter la voiture au garage
Retrouver Michel en ville
Jogging avec Martine et François
Aller au concert

Quand auriez-vous/aurais-tu le temps de ...?
Est-ce que vous avez/tu as le temps de ...?
Aimeriez-vous/aimerais-tu venir avec moi pour ...?

Est ce qu'on pourrait se voir ..., par exemple?
Que pensez-vous/penses-tu de ...?

Quel jour vous/te convient/et à quelle heure?
Vous préférez/tu préfères le matin ou l'après-midi?
...
Oui, avec plaisir/volontiers.
Quelle bonne idée, avec plaisir!

Oui, cela me convient très bien.
Oui parfait, entendu.
Je préfererais le ... à ... heures.
Je ne serais pas libre avant ...
Mercredi cela ne va pas mais ..., par exemple.

Désolé(e) je ne suis absolument pas libre cette semaine. On pourrait remettre ça à la semaine prochaine.
Je regrette, je suis pris(e) ce jour-là.

3. Vous avez noté votre rendez-vous avec A. Demandez-lui maintenant ce que vous pourriez encore faire ensemble.

Auriez-vous envie/Aurais-tu envie de ...?
...
Oui, avec plaisir. Et quand?
Non, désolé(e) mais ça ne me convient pas. On pourrait ...

13 Lundi	**14** Mardi	**15** Mercredi	**16** Jeudi	**17** Vendredi	**18** Samedi	**19** Dimanche
8	8	8	8	8	8	8
9	9	9	9	9	9	9
10	10	10	10	10	10	10
11	11	11	11	11	11	11
12	12 *Rendez-vous*	12	12	12	12	12
13	13	13	13	13	13	13
14	14	14	14	14	14	14
15	15	15	15	15	15	15

2 joueurs

moyen

10'

16   Bizarre, bizarre!

Partenaire A

1. Qu'est-ce que c'est? Réfléchissez avec votre partenaire B sur la signification de ces dessins en vous servant des explications ci-dessous.

Exemple:

L'image 1, c'est peut-être un Mexicain (A) qui fait du vélo (B).

---

deux éléphants	passer devant une pyramide
une femme	gratter le dos d'une fourmi
un Mexicain	passer devant une fenêtre
un homme	nager en mer
un ours	monter un escalier

2. Allez plus loin en trouvant avec l'aide de B d'autres hypothèses. Par exemple, l'image 6 pourrait être une paire de lunettes qui flotte à la surface de l'eau, l'image 5 une planche de bois sur un petit pois, l'image 8 les traces d'un skieur qui descend une piste, etc.

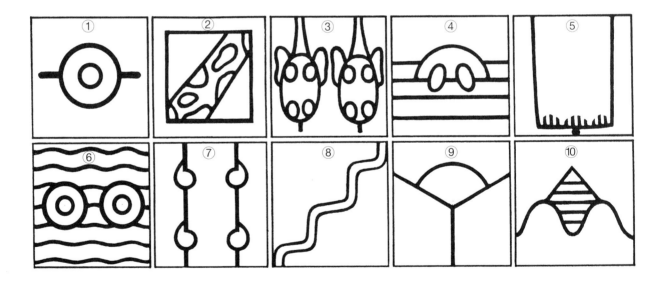

16 Bizarre, bizarre!

Partenaire A

1. Qu'est-ce que c'est? Réfléchissez avec votre partenaire A sur la signification de ces images en vous servant des explications ci-dessous.

> *Exemple:*
>
> L'image 1, c'est peut-être un Mexicain (A) qui fait du vélo (B).

un serpent	nettoyer un escalier
deux Mexicains	grimper sur un arbre
un éléphant	lire le journal
un chameau	prendre un bain de soleil
une girafe	faire du vélo

2. Allez plus loin en trouvant avec l'aide de A d'autres hypothèses. Par exemple, l'image 6 pourrait être une paire de lunettes qui flotte à la surface de l'eau, l'image 5 une planche de bois sur un petit pois, l'image 8 les traces d'un skieur qui descend une piste, etc.

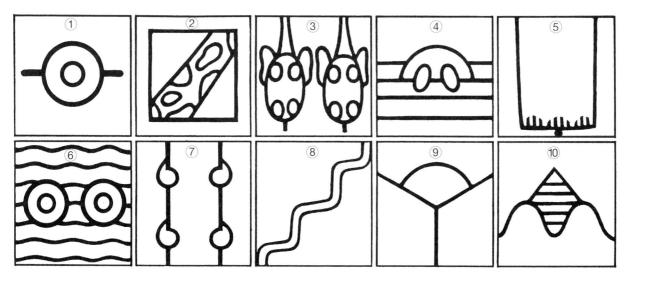

2 joueurs

papier et crayon

débutant

20'

17   Bon voyage!

Partenaire A

1. Votre partenaire B part en vacances en France et vous propose de vous rapporter quelque chose.

> Ah, c'est une très bonne idée. Avec plaisir!
> Ah, c'est superbe. Volontiers!
>
> Pourriez-vous/Pourrais-tu me rapporter …
> Je voudrais …
> Pensez/Pense à acheter …

Vous lui demandez quatre spécialités françaises en vous servant de la liste ci-dessous:

> a) une bouillabaisse b) un poulet c) des crêpes bretonnes d) un brie

2. C'est à vous maintenant de partir en vacances et de proposer à B de lui rapporter quelque chose:

> Je pars demain pour la France.
> Je vais à …
> Vous voulez/Veux-tu que je vous/te rapporte quelque chose?
>
> Avez-vous/As-tu envie de quelque chose?

Vous avez l'intention de visiter les villes suivantes:

> a) Dijon b) Rouen c) Strasbourg d) Avignon

3. Composez maintenant avec votre partenaire B un menu avec les produits qu'il vous a rapportés et ceux que vous lui avez rapportés, en suivant le modèle ci-dessous:

> Entrée: _____   avec _____
>
> Plat: _____   au/à la/aux _____
>
> Fromage _____   de _____
>
> Dessert: _____   sur _____

4. Invitez une équipe de votre choix à venir dîner et mettez-vous d'accord sur une heure et une date.

17 Bon voyage!

Partenaire B

1. Vous partez en vacances en France et vous proposez à votre partenaire A de lui rapporter quelque chose:

> Je pars demain pour la France.
> Je vais à …
> Vous voulez/Tu veux que je vous/te rapporte quelque chose?.
>
> Avez-vous/As-tu envie de quelque chose?

Vous avez l'intention de visiter les villes suivantes:

> a) Marseille b) Biarritz c) Quimper d) Meaux

2. C'est maintenant votre partenaire A qui part en vacances en France et qui vous propose de vous rapporter quelque chose:

> Ah, c'est une très bonne idée. Avec plaisir!
> Ah, c'est superbe. Volontiers!
>
> Pourriez-vous/Pourrais-tu me rapporter …
> Je voudrais …
> Pensez/Pense à acheter …

Vous lui demandez quatre spécialités françaises en vous servant de la liste ci-dessous:

> a) trois douzaines d'escargots b) un camembert   c) une choucroute garnie d) six melons

3. Composez maintenant avec votre partenaire A un menu avec les produits qu'il vous a rapportés et ceux que vous lui avez rapportés, en suivant le modèle ci-dessous:

> Entrée: _____ avec _____
>
> Plat: _____ au/à la/aux _____
>
> Fromage _____ de _____
>
> Dessert: _____ sur _____

4. Invitez une équipe de votre choix à venir dîner et mettez-vous d'accord sur une date et une heure.

2 joueurs

moyen

30'

18   *Êtes-vous psychologue?*

Partenaire A

1. Lisez attentivement les six phrases ci-dessous et essayez de trouver à chaque fois une raison. Vous avez droit à deux solutions par phrase. Exposez-les à votre partenaire B qui détient, lui, la solution. B vous dira si vous avez raison ou tort. Le partenaire qui aura réussi à trouver le plus grand nombre de bonnes réponses, aura gagné.

Exemple:

(B)   «Monsieur Petit rentre aujourd'hui plus tôt chez lui?»
(A): «Il attend de la visite.»
      «Il a été licencié.»
(B): «Bravo, vous avez/tu as raison: Il attend la visite de sa sœur.»

---

a) Madame Legrand est très nerveuse ce matin.

b) Jeannine Michon téléphone sept à huit heures par jour.

c) Six jours sur sept, Monsieur Carrière regarde des heures entières dans un miroir.

d) Madame Leclerc parle couramment français.

e) Jean Lecomte a aujourd'hui très mal à la tête.

f) Alain ne veut plus jamais se marier.

2. Maintenant, c'est au tour de votre partenaire B de trouver une explication. Comme vous, il a droit à deux solutions. À vous de lui poser la question et de lui indiquer ensuite s'il a tort ou raison.

Marc Guillaume ne regarde jamais de cassette vidéo parce qu'il n'a pas de magnétoscope.

Monsieur Bonneau est aujourd'hui de très mauvaise humeur parce que sa voiture est encore en panne.

Aline Laffont a besoin de petite monnaie parce qu'elle veut laisser un pourboire à l'ouvreuse.

Madame Dosset n'a pas vu son mari depuis deux jours parce qu'il en voyage d'affaires.

Michel Lacour est à l'hôpital parce qu'il rend visite à sa sœur qui vient de mettre un bébé au monde.

Peu de personnes apprécient la visite de Monsieur Leclerc parce qu'il est contrôleur des contributions.

18   *Êtes-vous psychologue?*

Partenaire B

1. Votre partenaire A essaye de trouver une raison au comportement des personnes citées ci-dessous. Grâce aux informations que vous détenez, vous êtes en mesure de lui dire s'il a tort ou raison. N'oubliez pas que A peut tenter sa chance avec deux propositions par phrase:

Madame Legrand est aujourd'hui très nerveuse parce qu'elle doit se faire arracher deux dents de sagesse cet après-midi.

Jeannine Michon téléphone sept à huit heures par jour parce qu'elle travaille au service des renseignements de Télécom.

Monsieur Carrière regarde des heures entières dans un miroir parce qu'il est coiffeur.

Madame Lerclerc parle couramment français parce qu'elle est professeur de français dans un lycée.

Jean Lecomte a aujourd'hui très mal à la tête parce qu'il a trop bu hier soir.

Alain ne veut plus jamais se marier parce qu'il est encore marié et très heureux de l'être.

2. Maintenant, c'est à votre tour: Lisez attentivement les six phrases ci-dessous et essayez de trouver à chaque fois une raison. Vous avez droit à deux solutions par phrase. Exposez-les à votre partenaire A qui détient, lui, la solution. et qui vous dira si vous avez raison ou tort. Le partenaire qui aura réussi à trouver le plus grand nombre de bonnes réponses, aura gagné.

Exemple:

(B): «Monsieur Petit rentre aujourd'hui plus tôt chez lui?»
(A): «Il attend de la visite.»
   «Il a été licencié.»
(B): «Bravo, vous avez/tu as raison: Il attend la visite de sa sœur.»

---

a) Marc Guillaume ne regarde jamais de cassette vidéo.

b) Monsieur Bonneau est aujourd'hui de très mauvaise humeur.

c) Aline Laffont a besoin de petite monnaie.

d) Madame Dosset n'a pas parlé à son mari depuis deux jours.

e) Michel Lacour est à l'hôpital.

f) Peu de personnes apprécient la visite de Monsieur Leclerc.

2 joueurs

avancé

30'

19   La vie en rose et en noir

Partenaire A

1. Vous voyez la vie et les gens qui vous entourent sous leurs aspects les plus positifs. Vos arguments, vos réponses sont toujours optimistes. Ci-dessous sont mentionnés certains événements qui se sont déjà produits ou qui vont se produire. Communiquez à B votre point de vue très optimiste. B lui a une autre opinion puisqu'il voit tout en noir. Ce sont les deux côtés de la vie.

> *Exemple:*
>
> Un de vos amis qui est aussi un ami de B veut vous rendre visite pour les fêtes de Noël. Vous êtes l'optimiste et vous dites:
> «Cela me fait vraiment très plaisir qu'il vienne. On va bien s'amuser, il est tellement gentil. Il va certainement nous apporter un beau cadeau parce qu'il a toujours du goût».

a) Un ami commun va ce soir au casino pour tenter sa chance.

b) B va demain chez le médecin pour un examen de contrôle.

c) Vous avez décidé de vous marier dans trois mois.

d) Un jeune couple avec trois enfants vient d'emménager juste à côté de l'appartement de B.

e) B passe son permis de conduire la semaine prochaine.

f) Vous avez l'intention de partir en vacances au Niger.

2. Maintenant vous échangez vos rôles: À vous de voir tout en noir! Donnez votre opinion à B qui lui maintenant voit naturellement tout en rose.

> *Exemple:*
>
> Un ami commun veut vous rendre visite pour les fêtes de Noël.
> Puisque vous êtes un pessimiste, vous dites:
> «Sa visite ne m'enchante pas du tout. On va s'ennuyer à mourir. Je le trouve tellement bizarre. De plus, je suis persuadé qu'il arrivera les mains vides.

g)   Deux de vos amis communs ont projeté de faire avec B une randonnée en montagne le week-end prochain.

h)   Une amie commune vous annonce qu'elle est enceinte.

i)   B a répondu a une offre d'emploi et doit se présenter demain au bureau de la direction.

j)   Vous donnez demain une somptueuse réception en l'honneur de vos cinquante ans.

k)   Un ami commun vient de gagner une grosse somme au Loto.

l)   B ne vous a toujours pas rendu les livres que vous lui aviez prêtés.

19 La vie en rose et en noir

Partenaire B

1. Vous voyez la vie et les gens qui vous entourent sous leurs aspects les plus négatifs. Vos arguments, vos réponses sont toujours pessimistes. Ci-dessous sont mentionnés certains événements qui se sont déjà produits ou qui vont se produire. Communiquez à A votre point de vue très pessimiste. A, lui, a une autre opinion puisqu'il voit tout en rose. Ce sont les deux côtés de la vie.

> *Exemple:*
>
> Un de vos amis qui est aussi un ami de A veut vous rendre visite pour les fêtes de Noël. Puisque vous êtes un pessimiste, vous dites:
> «Sa visite ne m'enchante pas du tout. On va s'ennuyer à mourir. Je le trouve tellement bizarre. De plus, je suis persuadé qu'il arrivera les mains vides.

a) Un ami commun va ce soir au Casino pour tenter sa chance.

b) Vous allez demain chez le médecin pour un examen de contrôle.

c) A veut se marier dans trois mois.

d) Un jeune couple avec trois enfants vient d'emménager juste à côté de votre appartement.

e) Vous passez votre permis de conduire la semaine prochaine.

f) A désire partir en vacances au Niger.

2. Maintenant vous échangez vos rôles: À vous de voir tout en rose! Donnez votre opinion à A qui lui maintenant voit naturellement tout en noir.

> *Exemple:*
>
> Un ami commun veut vous rendre visite pour les fêtes de Noël.
> Vous êtes l'optimiste et vous dites:
> «Cela me fait vraiment très plaisir qu'il vienne. On va bien s'amuser, il est tellement gentil. Il va certainement nous apporter un beau cadeau parce qu'il a toujours du goût».

g) Deux de vos amis ont projeté de faire avec vous une randonnée en montagne le week-end prochain.

h) Une amie commune vous annonce qu'elle est enceinte.

i) Vous avez répondu à une offre d'emploi et vous devez vous présenter demain au bureau de la direction.

j) A donne demain une somptueuse réception en l'honneur de ses cinquante ans.

k) Un ami commun vient de gagner une grosse somme au Loto.

l) Vous n'avez toujours pas rendu à A les livres qu'il vous avait prêtés.

2 joueurs

moyen

30'

20   Un dimanche à trois

Partenaire A

Vous avez décidé de passer tout un dimanche avec B et C. Voilà ce que vous leur proposez:

– une journée au bord d'un lac pour se bronzer, se baigner, lire, jouer aux cartes, au badminton, etc.

– un pique-nique en forêt et dites ce que vous avez l'intention d'apporter à manger.

– une garden-party. Nommez les personnes que vous désirez inviter et les jeux que vous voulez organiser.

Essayez maintenant de convaincre B et C:

> J'ai une idée: …
> Et que diriez-vous de …
> Je propose de …
> Cela serait superbe de …
> J'aimerais …
> On pourrait …
> Et si on …

Partenaire B

Vous avez décidé de passer tout un dimanche avec A et C. Voilà ce que vous leur proposez:

– de vous lever très tôt et de faire une grande randonnée pédestre.

– d'aller voir une exposition, de flâner un peu en ville et d'aller ensuite dîner dans un restaurant. Dites de quel restaurant il s'agit et qu'elles en sont les spécialités.

– d'aller à la piscine, le soir au restaurant et puis dans une discothèque.

Essayez de convaincre A et C:

> J'ai une idée: …
> Et que diriez-vous de …
> Je propose de …
> Cela serait superbe de …
> J'aimerais …
> On pourrait …
> Et si on …

20   *Un dimanche à trois*

Partenaire C

Vous avez décidé de passer tout un dimanche avec A et B. Voilà ce que vous leur proposez:

–   de prendre le petit déjeuner chez vous et d'aller ensuite rendre visite à votre tante qui a une ferme avec des chevaux.

–   d'aller le matin à un marché aux puces, de déjeuner dans une brasserie et d'aller ensuite au cinéma.

–   de venir chez vous regarder les diapositives de vos dernières vacances, de préparer ensemble un bon dîner et de regarder ensuite un film vidéo.

Essayez de convaincre A et B:

J'ai une idée: …
Et que diriez-vous de …
Je propose de …
Cela serait superbe de …
J'aimerais …
On pourrait …
Et si on …

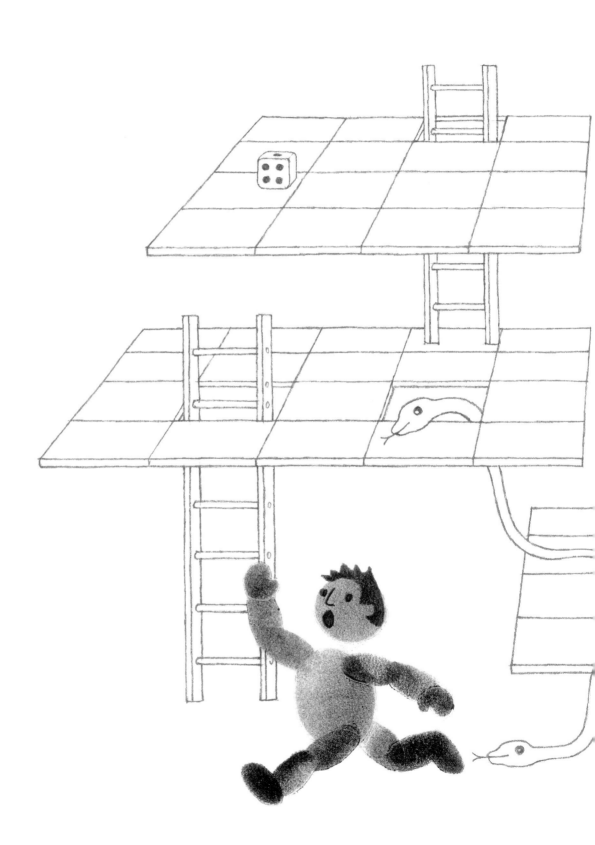

Jeux de dés. Échelles et vipères

Ce sont des jeux de compétition qui se jouent par petits groupes de trois à cinq joueurs.

Matériel: un pion par joueur, un dé et des allumettes.

Règle du jeu:

Tous les joueurs posent leur pion sur la case de départ. Celui qui fait le premier un six commence. Il avance donc de six cases et essaye de répondre à la situation qui lui est proposée. S'il réussit à convaincre les autres participants, il gagne une allumette. Si, par contre, il n'arrive pas à les persuader, il recule d'une case.

Échelle: Le participant qui a la chance de tomber sur une échelle, grimpe aussitôt tout en haut de l'échelle.

Vipère: Celui qui tombe sur la TÊTE d'une vipère redescend jusqu'au bout de sa queue!

À la fin du jeu, deux gagnants: celui qui a obtenu le plus grand nombre d'allumettes et celui qui est parvenu le premier à la case d'arrivée.

3–5 joueurs

1 pion par personne

1 dé

allumettes

débutant

20'

21 Au restaurant

▶ Règle du jeu page 49

ARRIVÉE

Vous aimeriez commander le menu réservé aux enfants.	Vous voulez commander.	Vous voulez seulement boire quelque chose.	Vous voulez partager votre entrée avec votre amie et demandez deux assiettes.
Le garçon vous demande comment vous voulez votre steak.		Vous préférez la table à côté de la fenêtre.	Vous voulez payer et deman-dez l'addition.
Vous avez renversé votre boisson sur la nappe et vous vous excusez auprès du serveur.	Vous comman-dez un dessert	Vous avez com-mandé une bière mais elle n'a pas de mousse.	Avec votre viande vous voulez de la salade à la place des pommes de terre.
Vous voulez téléphoner et demandez au garçon où se trouve le téléphone.	On vous a ap-porté votre sou-pe mais vous n'avez pas de cuillère.	Vous aimeriez un dessert et demandez la carte.	On vous a apporté votre vin mais vous n'avez pas de verre.
	Vous aimeriez avoir du sel.	Vous avez besoin d'une facture.	
Vous commandez une glace et voulez un peu de sauce au cho-colat à la place de la crème chantilly.	Au moment de payer vous de-mandez cinq pièces de 10 francs.		
Vous n'arrivez pas à vous déci-der et vous de-mandez au garçon de vous conseiller.			On vous a apporté un café mais pas de sucre.
Votre steak n'est pas tendre. Vous réclamez.	Vous voulez payer avec une carte de crédit.		
Vous avez de-mandé un café crème et on vous apporte un café au lait.			
Le garçon vous apporte votre soupe mais elle est froide.			
Vous voulez la carte des vins.			

DÉPART

3–5 joueurs

1 pion par personne

1 dé

allumettes

moyen

30'

22 *Grands et petits désirs*

▶ Règle du jeu page 49

Est-ce que je peux …?
Est-ce que je pourrais …?
Pourriez-vous me …? / Pourrais-tu me …?
Vous m'autorisez à …? / Tu m'autorises à …?

Auriez-vous la gentillesse de …? / Aurais-tu la gentillesse de …?
Cela serait vraiment super sympa si vous pouviez / tu pouvais …
Cela me ferait vraiment plaisir si …
Pensez-vous / Pense-tu que ce serait possible de …?

ARRIVÉE

DÉPART

Vous êtes invité chez quelqu'un et vous devez absolument téléphoner.

On vient de vous servir un café qui est beaucoup trop fort.

Vous avez vu dans une vitrine de très jolies chaussures. Vous entrez dans le magasin pour demander votre pointure.

Vous êtes en train de préparer le dîner et il vous manque de la farine. Vous sonnez chez votre voisine.

Vous ne vous sentez pas très bien et vous demandez un verre d'eau.

Vous avez la grippe et vous ne pouvez pas aller à votre cours de français. Vous demandez à une participante que vous connaissez de vous excuser auprès de votre professeur.

À la banque, vous voulez retirer mille francs en coupures de cent.

Vous voulez noter une information mais vous n'avez ni papier ni stylo.

On veut vous faire un cadeau d'anniversaire. Vous dites ce que vous voulez.

Un couple ami vous invite à dîner. Vous leur demandez de ne pas manger trop tard.

Vous demandez à votre collègue de vous poster une lettre.

Vous êtes dans le train, vous arrivez bientôt à destination. Vous demandez à un voyageur de vous aider à descendre votre valise.

Vous n'avez pas de montre et vous voulez savoir quelle heure il est.

Dans le train, vous demandez à votre voisin de vous prêter son journal.

Vous êtes chez le médecin, au moment de vous rhabiller votre fermeture éclair se coince. Vous demandez une épingle de nourrice.

Vous n'aimez pas aller tout seul au cinéma. Vous demandez à quelqu'un de vous accompagner.

Vous devez prendre l'avion et vous demandez à votre cousine de vous emmener à l'aéroport.

À la station-service, vous voulez faire vérifier la pression de vos pneus.

Vous voulez sortir de chez le coiffeur, il se met à pleuvoir. Vous demandez à emprunter un parapluie.

Vous avez acheté un agenda qui ne vous plaît pas. Vous demandez à l'échanger.

Vous avez un chien et vous devez vous absenter pour une semaine. Vous demandez à votre frère de vous garder votre chien.

Votre collègue vous propose d'aller déjeuner au restaurant à midi. Vous préférez faire une promenade.

La copine de votre sœur travaille dans une agence de voyages. Vous lui demandez qu'elle vous réserve un billet d'avion aller et retour pour Paris à un prix avantageux.

Votre amie française vous téléphone et vous lui demandez de bien vouloir répéter et de parler moins vite.

Votre voisin joue régulièrement de la trompette. Vous avez mal à la tête et vous lui demandez de jouer moins fort.

3–5 joueurs

1 pion par personne

1 dé

allumettes

moyen

15'

23   *Virages dangereux!*

▶ Règle du jeu page 49

Le but de ce jeu est de trouver les prépositions correspondantes aux verbes proposés en formant des phrases grammaticalement correctes. Le joueur qui réussit à formuler une phrase correcte et logique, obtient une allumette.

Variante: Donner la consigne de faire des phrases au passé composé.

Je suis très heureux de faire votre connaissance.
J'ai été très heureux de faire votre connaissance.

Liste des prépositions à utiliser:

au/à l'/à la/aux; du/de l'/de la/des; dans; pour; sur; par; avec; contre.

ARRIVÉE

DÉPART

ARRIVÉE	avoir peur	interroger qn ... qc	penser	aller (personne)	
	terminer une soirée ...	s'enthousias- mer	entrer (lieu)		
appartenir	souffrir	aider (+ faire)	revenir		
tomber ... terre	jouer ... qn	être amoureux	regretter	être content	
avoir du respect		participer			
protéger qn ... qc	diviser 60 ... 12	remercier	avoir besoin	s'intéresser	
être déçu	répondre	il est interdit	sortir (lieu)	DÉPART	

3–5 joueurs

1 pion par personne

1 dé

allumettes

avancé

30'

24   Pourquoi et pourquoi pas?

▶ Règle du jeu page 49

But de ce jeu est de compléter les phrases proposées dans les différentes cases. Le joueur qui réussit à finir la phrase sur laquelle il est tombé sans faire de fautes, obtient une allumette.

| Beaucoup de personnes font des économies | pour pouvoir partir en vacances.
par prudence.
afin de s'acheter une maison. |

ARRIVÉE

Il faudrait qu'un plus grand nombre de femmes occupent des postes importants …

Il est important de savoir faire des économies …

Certaines personnes prennent de la drogue …

Gagner beaucoup d'argent est le but numéro un …

Beaucoup de jeunes s'habillent selon la dernière mode …

Beaucoup de personnes regardent tous les soirs un film vidéo …

Prendre l'apéritif est important pour un Français …

Le rêve de beaucoup de gens est de devenir propriétaire…

Les hommes doivent participer aux travaux ménagers …

Un grand nombre de personnes boit régulièrement de l'alcool …

Beaucoup de personnes prennent leurs vacances à l'étranger …

Un certain nombre de personnes s'achète des voitures très chères …

Beaucoup de personnes ont des animaux domestiques …

L'éducation des adolescents devrait être beaucoup plus sévère …

Les enfants doivent participer aux tâches familiales …

Nous avons tous besoin d'amis …

La plupart des personnes âgées finissent leur vie dans une maison de retraite …

Les petits cadeaux entretiennent l'amitié …

Certaines personnes mentent régulièrement …

Maigrir est la préoccupation de beaucoup de personnes dans nos sociétés industrialisées …

Les vacances jouent un rôle important dans nos sociétés occidentales …

Une société a besoin d'artistes …

Beaucoup de femmes se maquillent …

Il est important de respecter les règles de la politesse

Beaucoup de couples vivent ensemble sans être mariés …

DÉPART

Circuits fermés

Ce genre de parcours se jouent avec des dés et en petits groupes de 3 à 6 personnes.

La règle du jeu est la suivante:

- Chaque participant place son pion sur une case de son choix.

- Le deuxième joueur sera le voisin de gauche et ainsi de suite dans le sens des aiguilles d'une montre.

- Les participants peuvent faire avancer leur pion dans une direction comme dans l'autre et peuvent changer de directions autant de fois qu'ils le désirent.

- Étant donné qu'il n'y a ni départ, ni arrivée, la durée du jeu doit être limitée (entre 20 et 45 minutes).

Jeu de compétition:

Un pion par participant. Un dé et des allumettes par équipe. Le gagnant est celui qui aura le plus grand nombre d'allumettes à la fin du jeu.

3–6 joueurs

1 pion par personne

1 dé

allumettes

avancé

20'

25   *Qui parle?*

▶ Règle du jeu page 59

Le premier joueur lance le dé et fait avancer son pion dans la direction de son choix. Il lit le texte de la case sur laquelle il est tombé et décrit rapidement une situation à laquelle se rapporte ce texte ou bien il développe un court dialogue à la fin duquel il pourrait placer le texte de sa case. Si le groupe accepte sa proposition, il gagne une allumette (si on choisit la compétition). Puis c'est au tour du voisin de gauche de lancer le dé. Si un participant tombe deux fois sur la même case, il doit alors trouver une autre situation que celle déjà proposée.

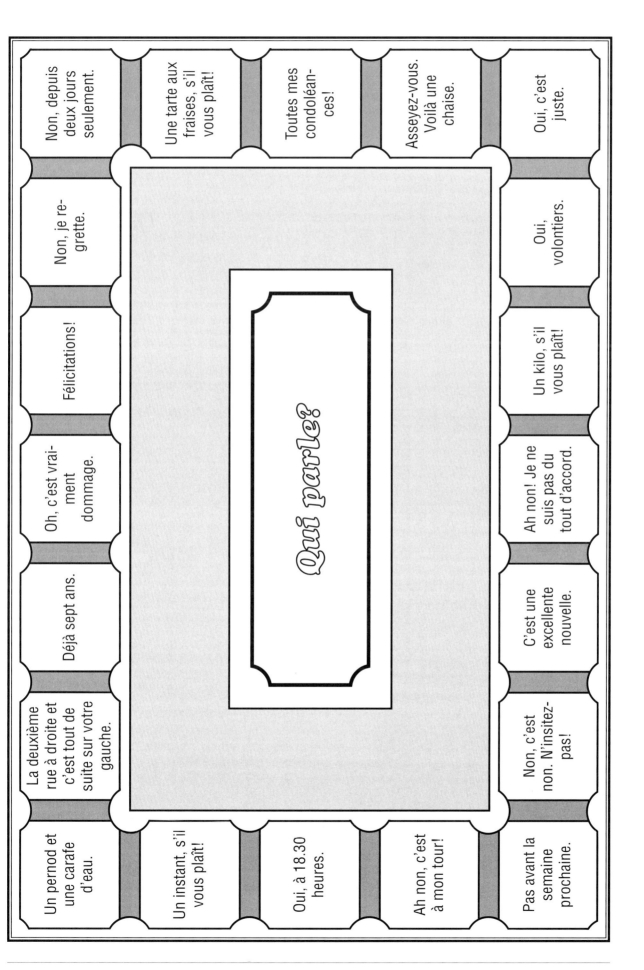

Qui parle?

Non, depuis deux jours seulement.

Une tarte aux fraises, s'il vous plaît!

Toutes mes condoléances!

Asseyez-vous. Voilà une chaise.

Oui, c'est juste.

Non, je regrette.

Oui, volontiers.

Félicitations!

Un kilo, s'il vous plaît!

Oh, c'est vraiment dommage.

Ah non! Je ne suis pas du tout d'accord.

Déjà sept ans.

C'est une excellente nouvelle.

La deuxième rue à droite et c'est tout de suite sur votre gauche.

Non, c'est non. N'insitez-pas!

Un pernod et une carafe d'eau.

Un instant, s'il vous plaît!

Oui, à 18.30 heures.

Ah non, c'est à mon tour!

Pas avant la semaine prochaine.

3–6 joueurs

1 pion par personne

1 dé

allumettes

débutant

15'

26   Salade de syllabes

▶ Règle du jeu page 59

Le premier joueur lance le dé et fait avancer son pion dans la direction de son choix. Il lit le mot de la case sur laquelle il est tombé et forme un mot nouveau avec les deux dernières lettres.

Exemple: roi → oignon

Un mot déjà proposé par un participant ne peut pas être réutilisé. Pour chaque mot juste le joueur reçoit une allumette. Le joueur qui n'arrive pas à former un mot, passe son tour.

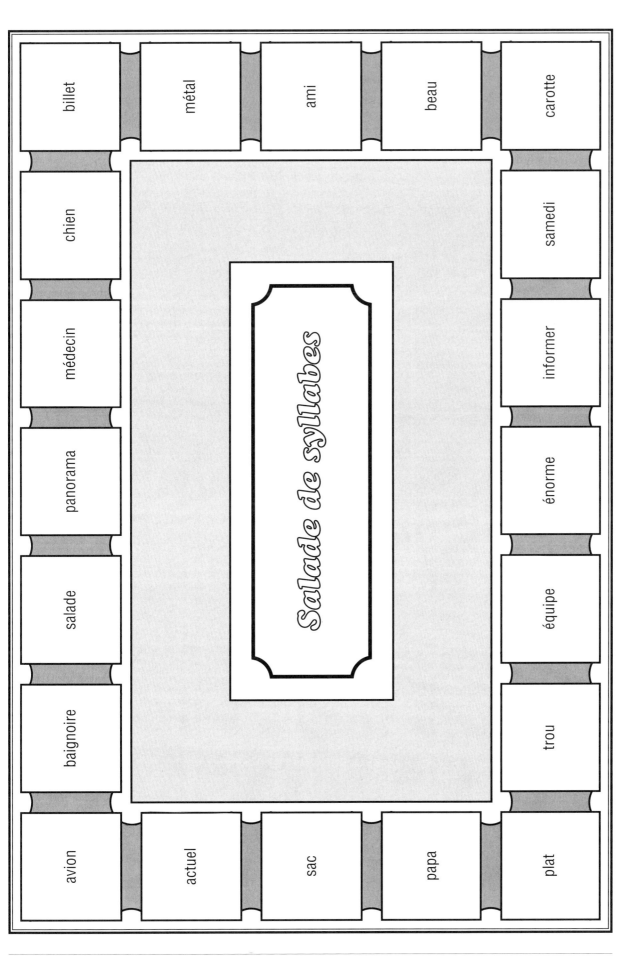

billet

métal

ami

beau

carotte

chien

samedi

médecin

informer

panorama

énorme

salade

équipe

baignoire

trou

avion

actuel

sac

papa

plat

Salade de syllabes

3–6 joueurs

1 pion par personne

1 dé

10 allumettes par personne

papier et crayon

moyen

30'

27 *Faites votre choix!*

▶ Règle du jeu page 59

Le premier joueur lance le dé et fait avancer son pion dans la direction de son choix. Il complète la question de la case sur laquelle il est tombé et la pose à son voisin de gauche qui choisit une des deux propositions et la note sur une feuille de papier en se gardant bien de la dire ou de la montrer. C'est au joueur qui a posé la question de deviner la réponse écrite par son voisin. S'il devine la bonne réponse, son voisin doit lui donner une allumette. Dans le cas contraire, c'est à lui de donner une allumette à son voisin. En suivant le sens des aiguilles d'une montre, c'est au suivant de poser la question à son voisin et ainsi de suite
Celui qui a dû donner toutes ses allumettes avant la fin du jeu, est éliminé.

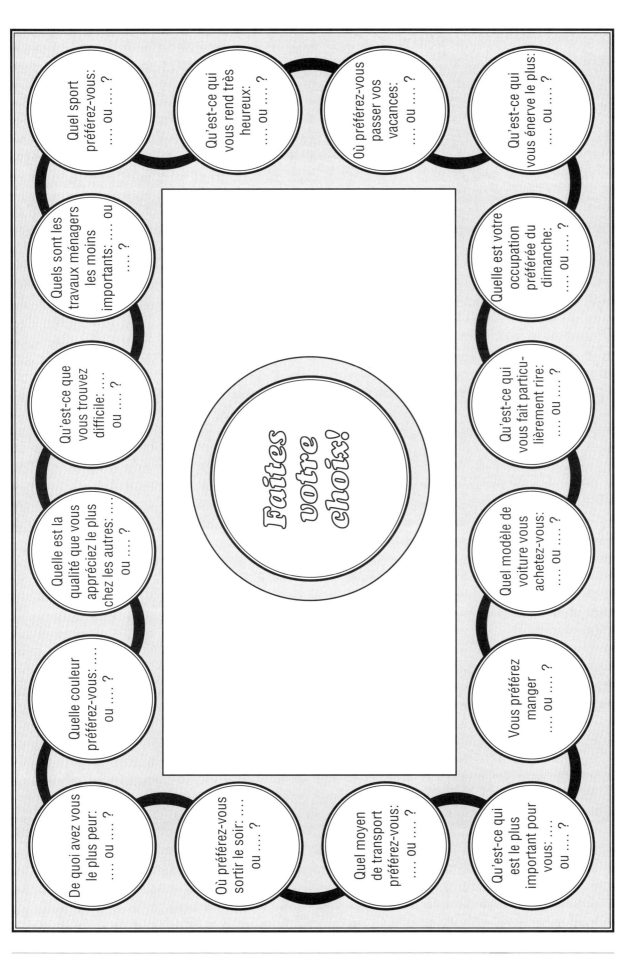

3–6 joueurs

1 pion par personne

2 dés de couleurs
différentes

allumettes

moyen

20'

28   Mode d'emploi

▶ Règle du jeu page 59

Pour ce jeu, vous avez besoin de deux dés de couleurs différentes.
Une couleur pour le cercle extérieur et une autre pour le cercle intérieur.

Les joueurs placent leur pion sur une case de leur choix dans le cercle extérieur. Le premier joueur lance les dés et fait avancer son pion selon les points indiqués par le dé reservé au cercle extérieur. Avec les points qu'il a obtenu avec l'autre dé, il repère tout de suite à quelle catégorie appartient son objet. Le joueur doit maintenant expliquer à quoi sert cet objet à l'endroit indiqué. Si son explication semble un peu trop vague, les autres participants peuvent lui demander des précisions. Le ou les participants qui n'acceptent pas la proposition faite par un joueur doivent justifier leur refus. Si l'explication est acceptée par le groupe, le joueur reçoit une allumette. Puis, dans le sens des aiguilles d'une montre, c'est au tour du suivant.

Au bureau, j'utilise toujours un couteau pour ouvrir le courrier.

J'utilise / on utilise un couteau dans la cuisine pour couper la viande.
J'ai besoin / on a besoin d'un couteau dans la cuisine pour couper le pain.

Chez le médecin, il y a beaucoup de couteaux fins et pointus.

CATÉGORIES

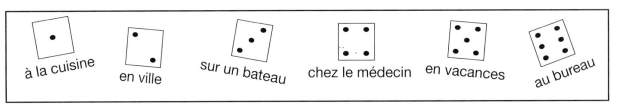

à la cuisine   en ville   sur un bateau   chez le médecin   en vacances   au bureau

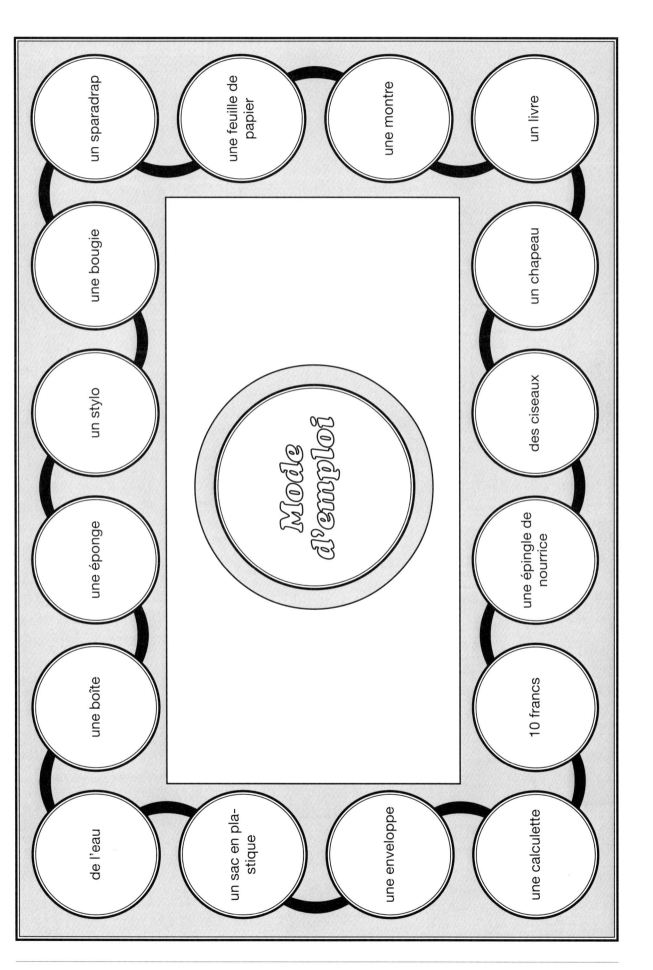

un sparadrap — une feuille de papier — une montre — un livre

une bougie — un chapeau

un stylo — des ciseaux

Mode d'emploi

une éponge — une épingle de nourrice

une boîte — 10 francs

de l'eau — un sac en plastique — une enveloppe — une calculette

Cases, dominos, puzzles

Dans les pages suivantes, vous allez retrouver quatre types de jeux adaptés aux besoins de la classe:

1 Plusieurs grilles avec des colonnes différentes selon les points obtenus par les joueurs.

2 Deux jeux de l'oie. Le jeu de l'oie est un des jeux les plus populaires en France.

3 Un jeu de dominos.

4 Deux puzzles.

3–6 joueurs

1 dé

allumettes

papier et crayon

avancé

30'

29 *Testez vos connaissances!*

Le premier joueur lance le dé et choisit une question dans la colonne correspondant au nombre de points qu'il a tiré avec son dé et pose sa question au groupe.

Les participants ont deux minutes pour noter sur leur feuille de papier autant de réponses possibles (des mots, pas des phrases!). Celui qui n'a pas de réponse, est éliminé pour ce tour. Une fois les deux minutes passées, les réponses sont lues à haute voix. Les participants peuvent refuser une réponse par vote à main levée, la majorité l'emportant. Le participant qui aura le plus grand nombre de réponses justes, reçevra une allumette et ce sera à son tour de lancer le dé.

Chaque question ne peut être posée qu'une seule fois (le mieux: les rayer au fur et à mesure). Si toutes les questions d'une colonne ont déjà été tirées ou si un joueur tombe sur le joker, il choisit une case encore libre dans les autres colonnes.

Le gagnant est celui qui aura obtenu le plus grand nombre d'allumettes.

le corps humain, les animaux et la nature	activités professionnelles et sportives	ameublement et vêtements	architecture	transports	joker
Quels sont les parties du corps?	Quels sont les travaux d'une femme au foyer?	Qu'est-ce qu'il y a dans une salle de séjour?	Quelles sont les différentes formes d'habitation?	À quoi sert une station-service?	
Quels animaux à quatre pattes connaissez-vous?	Quels sports d'équipe connaissez-vous?	Quels accessoires portent les femmes?	Quels monuments français connaissez-vous?	Quels moyens de transport connaissez-vous?	
Quels adjectifs qualifient le corps humain?	Que fait un guichetier de la poste?	Qu'est-ce qu'il y a dans une cuisine?	Que construit un ingénieur pour les services publics?	Quelles sont les différentes parties d'une voiture?	
Quels légumes connaissez-vous?	Quels sports peut-on exercer seul?	Qu'est-ce qu'on porte en hiver?	Quels sont les éléments d'une maison?	Qu'est-ce qu'il y a sur une autoroute?	
Quelles fleurs pouvez-vous citer?	Qu'est-ce qu'il y a dans le cartable d'un professeur?	Quels vêtements portent les hommes?	Quels matériaux connaissez-vous?	Qu'est-ce qu'on trouve dans un aéroport?	
Quels animaux peuvent voler?	Pourquoi les gens font-ils du sport?	Quelles sortes de chaussures connaissez-vous?	Pourquoi a-t-on une maison?	Quelles sont les différentes parties d'un vélo?	

3–6 joueurs

1 dé

allumettes

débutant

20'

30   *Les quatre saisons*

Le premier joueur lance le dé et choisit une case dans la colonne correspondant au nombre de points qu'il a tiré avec son dé et complète la phrase commençant par «mais». Les participants peuvent refuser une proposition par vote à main levée. Pour chaque phrase bien terminée, le joueur gagnera une allumette. Celui qui tombe sur un cinq, passe son tour et celui qui joue un six (le joker), prend une case de son choix parmi celles encore disponibles. Le gagnant est celui qui aura obtenu le plus grand nombre d'allumettes.

Conseil: Rayer les cases au fur et à mesure que les joueurs y auront répondu.

⚀ en été	⚁ au printemps	⚂ en automne	⚃ en hiver	⚄	⚅ joker
Il n'y a pas de neige, MAIS …	Je ne peux pas encore bronzer, MAIS …	Les arbres ne sont plus en fleurs, MAIS …	Je ne me baigne pas dans le lac, MAIS …		
Je ne porte pas de manteau, MAIS …	On ne peut plus faire de boules de neige, MAIS …	On ne mange plus de cerises, MAIS …	Les arbres ne sont pas verts, MAIS …	Vous passez votre tour …	
On ne boit pas de vin chaud, MAIS …	On range son manteau dans l'armoire, MAIS …	Il ne fait plus très chaud, MAIS …	Il n'y a pas de fleurs aux balcons, MAIS …		
Il n'y a pas de décorations de Noël, MAIS …	Le soleil n'est plus froid, MAIS …	Je ne mets pas encore de manteau, MAIS …	Je ne dors pas sans couverture MAIS …		
Je ne gratte pas les vitres de ma voiture, MAIS …	Je ne ferme pas toujours les fenêtres, MAIS …	On n'ouvre plus le parasol, MAIS …	Je ne me mets pas en maillot de bain, MAIS …		

3–6 joueurs

1 dé

allumettes

moyen

30'

31 Les symboles

Le premier joueur lance le dé et choisit une case dans la colonne correspondant au nombre de points qu'il a tiré avec son dé. Il devra alors donner une explication du symbole choisi en faisant une phrase commençant par la conjonction «si»:

Exemple:
Si vous êtes au volant d'une voiture et si vous ne vous arrêtez pas au feu rouge, vous risquez de renverser un piéton ou de provoquer un accident.

Si les participants sont d'accord avec l'explication proposée, le joueur recevra une allumette.
Le gagnant est celui qui aura obtenu le plus grand nombre d'allumettes.
Si un joueur tombe sur le joker, il prendra un symbole de son choix parmi ceux encore disponibles.

danger électrique	toilettes (dames)	hôpital	camping
pique-nique interdit	station-service	information	bureau des objets trouvés
circulation dans les deux sens	interdiction de faire demi-tour	ne pas repasser	point rencontre
école	descente dangereuse	bouteille	chaise
ciseaux	pied	cochon	livre

3–6 joueurs

1 pion par participant

1 dé

avancé

20'

32   *Les bonnes résolutions*

Pour ce jeu de l'oie il vous faut un pion par joueur et un dé.

L'enjeu est d'arriver le plus vite au but malgré les embûches tout au long du parcours.
Le premier qui atteint la case «arrivée» a gagné. Si un joueur tombe sur la case «gage», il doit sortir de la classe et les autres participants essayent, pendant ce temps, de lui trouver un «gage» (par exemple: Citez/Cite-nous trois couleurs; Montez/monte sur une chaise et dites/dis quelque chose; Grattez/Gratte le dos de ton professeur, etc.).

Attention: Le joueur qui n'arrive pas à répondre à une question, passe son tour!

Bonne Année!

Départ

Où êtes-vous en général le 31 décembre?

Quel est votre vœu le plus cher?

Que dites-vous après un échec?

Qu'est-ce qui compte le plus pour vous dans la vie?

Gage

Que dites-vous en montant sur votre pèse-personne?

À quoi tient la réussite?

Le sport, pour vous, c'est essentiel?

Avancez de 3 cases

Êtes-vous préoccupé par les problèmes de santé?

Si vous avez un problème, que faites-vous?

Que signifient les autres pour vous?

Dans quelle situation voulez-vous enfin dire «NON»?

À quelle époque auriez-vous préféré vivre?

Gage

À votre avis, un répondeur automatique c'est …?

Que signifie pour vous un grand amour?

Les «il faut» et les «je dois» occupent-ils une place importante dans votre vie?

Passez votre tour

Comment vous sentez-vous le matin quand votre réveil sonne?

Que feriez-vous pour l'homme/la femme de votre vie?

Reculez de 3 cases

Vous venez de gagner le gros lot. Que faites-vous?

Arrivée

Si vous deviez vous débarrasser de quelque chose, de quoi?

Rêvez-vous d'une île déserte?

3–6 joueurs

1 pion par participant

1 dé

papier et crayon

avancé

20'

33 Des gestes et des mots

Pour ce jeu de l'oie il vous faut un pion par joueur, un dé par équipe, du papier et un crayon.

L'enjeu est d'arriver le plus vite au but malgré les embûches tout au long du parcours.
Le premier qui atteint la case «arrivée» a gagné. Si un joueur tombe sur la case «gage», il doit sortir de la classe et les autres participants essayent, pendant ce temps, de lui trouver un «gage» (par exemple: Citez/Cite-nous trois couleurs; Montez/monte sur une chaise et dites/dis quelque chose; Grattez/Gratte le dos de ton professeur, etc.).

Attention: le joueur qui ne sait pas répondre à une question, passe son tour!

Départ	Comment fait la vache?	Dites un gros mot.
Dites quelque chose de gentil à votre voisin(e).	Trouvez un mot commençant par la lettre «R»	**Gage**
Passez Votre tour	Qu'est-ce que c'est qu'un «sandwich»?	Faites un geste et dites ce qu'il veut dire.
Sautez sur un pied!	La France, pour vous, c'est quoi?	**Reculez de 2 cases**
Mimez quelque chose que les autres doivent deviner.	**Avancez de 2 cases**	Où est fabriqué le camembert?
Quel est le plus grand musée de France?	**Gage**	Sifflez trois fois.
Demandez son numéro de téléphone à votre voisin(e)	Montrez que vous avez très froid.	**Passez votre tour**
Arrivée	Dites les heures suivantes: 15.05/21.45/12.30	Dessinez une brosse à dents.

4–6 joueurs

papier et crayon

moyen

30'

34   *La recette du bonheur*

– Vous aurez besoin d'une grande table parce qu'il vous faudra de la place.
– Un rapporteur par équipe devra écrire sur une feuille la recette au fur et à mesure.
– Prenez soin de mettre en évidence la liste des ingrédients (qui n'est pas exhaustive et que vous trouverez ci-dessous, pour aider vos apprenants. À eux de la compléter au cours du jeu.

Vous pouvez vous servir d'un simple jeu de dominos ou bien vous utilisez les dominos de la page suivante. Vous en faites une photocopie que vous collerez sur un carton.

Ce sera à vous de guider le jeu en mettant les dominos charnières (que vous photocopierez et collerez aussi sur un carton) aux endroits et moments que vous désirez ou bien, vous demanderez à un ou plusieurs de vos apprenants de se charger de ce travail.

Selon le nombre de vos participants, demandez-leur de prendre un ou plusieurs dominos. Celui qui a le double six commence. Vous pouvez constituer aussi deux ou plusieurs équipes, ce qui vous donnera plusieurs recettes que vous pourrez comparer. L'équipe gagnante sera alors la première qui aura fini.

Variante: recette pour une vie malheureuse.

Liste des ingrédients:

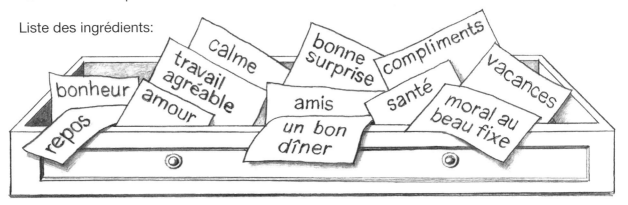

Dominos charnières:

Vous	prenez

Vous	ajoutez

Vous	mélangez

Il est	important de

Pour	finir

Résultat	

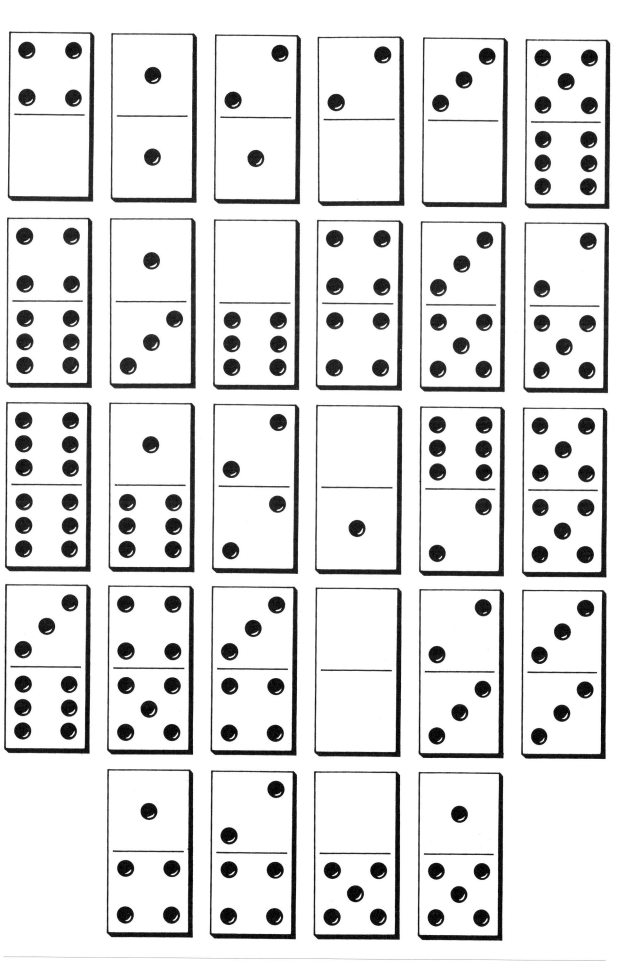

3–6 joueurs

débutant

10'

35 *Histoire pour rire*

Mélangez et étalez tous les morceaux du puzzle sur une table. Retournez-les de façon à cacher le texte.

Selon le nombre de vos apprenants, demandez-leur de prendre un ou plusieurs morceaux. À eux maintenant de reconstituer au plus vite le puzzle.

Si vous travaillez par équipe, donnez un puzzle par équipe. L'équipe qui aura terminé la première, aura gagné.

Attention: Si vous bâtissez vous-même vos histoires (ou révisions grammaticales), vous pouvez rallonger (ou raccourcir) votre puzzle selon vos besoins.

Conseil: Expliquez peut-être auparavant le mot «des jumeaux»
(au féminin: «des jumelles»).

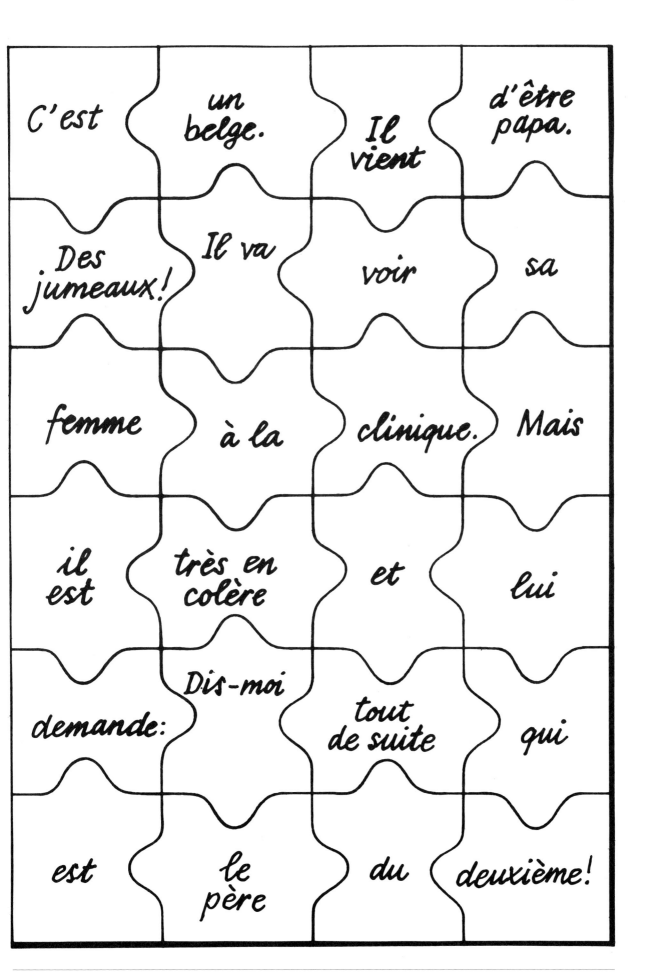

C'est un belge. Il vient d'être papa.

Des jumeaux! Il va voir sa

femme à la clinique. Mais

il est très en colère et lui

demande: Dis-moi tout de suite qui

est le père du deuxième!

3–6 joueurs

papier et crayon

moyen

15'

36 Hier, aujourd'hui, demain

Mélangez et étalez tous les morceaux du puzzle sur une table. Retournez-les de façon à cacher le texte.

Selon le nombre de vos apprenants, demandez-leur de prendre un ou plusieurs morceaux. À eux maintenant de reconstituer au plus vite le puzzle. L'enjeu ici est de trouver une fin à cette histoire.

Si vous travaillez par équipe, donnez un puzzle par équipe. L'équipe qui aura terminé la première, aura gagné. Un bon point aussi pour l'équipe qui aura trouvé la fin la plus spirituelle!

Attention: Si vous bâtissez vous-même vos histoires (ou révisions grammaticales), vous pouvez rallonger (ou raccourcir) votre puzzle selon vos besoins.

Autrefois je mentais tous les jours. Hier

j'ai de nouveau menti parce que

je n'ai pas osé dire à une amie qu'elle

était grosse et j'ai très mal

dormi toute la nuit. Aujourd'hui je vais

avec elle faire du patin à glace. Demain, c'est décidé...

Dialogues

Ce sont des jeux interactifs qui se jouent par groupes de deux.

En suivant le modèle donné, les partenaires doivent reconstituer un dialogue.

2 joueurs

moyen

10'

37 Dans la rue

Partenaire A

Vous commencez à lire la première partie de votre texte (1) et écoutez ensuite la réponse que vous donne votre partenaire B (2). À vous de choisir à (3) la réplique correspondant à la réponse de B. Et ainsi de suite pour le reste du texte:

1A: Quel plaisir de vous revoir! Comment allez-vous? Il y a plusieurs jours que je ne vous ai plus vu(e). Vous étiez malade?

2B: _____

3A: a) Oh, je suis désolé(e) … et comment allez-vous maintenant?

b) Ah bon … et où étiez-vous?

c) Ah ça, je veux bien vous croire. Sont-ils encore chez vous?

4B: _____

5A: a) Et comment était le temps? Est-ce que vous avez eu autant de pluie qu'ici?

b) Merci, bien. Vous avez un petit quart d'heure?. On pourrait aller boire un café ensemble?

c) Mais passez donc à la maison prendre l'apéritif! Samedi, par exemple?

6B: _____

7A: a) Allons au bistrot d'en face. Leur quiche lorraine est un délice

b) Oh ça, ça se voit. Vous avez une mine merveilleuse. Bon, il faut que je vous quitte. À très bientôt!

c) C'est dommage … mais passez-moi un petit coup de fil quand vous serez rentré(e). Nous pourrons fixer une autre date.

37 Dans la rue

Partenaire B

Écoutez la phrase de votre partenaire A au début du dialogue et choisissez une réponse dans votre dialogue (2) et ainsi de suite jusqu'à la fin du dialogue.

2B: a) Non, nous étions en vacances et nous sommes revenus hier.

    b) Non, non, pas du tout. Nous avions la visite de mes beaux-parents et j'avais beaucoup à faire.

    c) Oui, j'ai eu la grippe et quelle grippe! J'ai dû garder le lit pendant quinze jours.

3A: _____

4B: a) Non, ils sont repartis lundi dernier. Je commence à respirer.

    b) Oh, beaucoup mieux, heureusement! Mais vous comment allez-vous?

    c) Nous étions d'abord en Hollande et ensuite, nous sommes allés en France.

5A: _____

6B: a) Un autre jour peut-être? Nous avons promis à notre fille d'aller la voir ce week-end.

    b) Non au contraire, nous avons eu un temps superbe et nous étions presque tous les jours à la plage.

    c) Avec plaisir! Où allons-nous?

7A: _____

8B: a) Oui, à bientôt. Au revoir!

    b) Entendu, je vous appelle. À très bientôt.

    c) D'accord. Allons-y!

2 joueurs

débutant

15'

38 *Vite chez l'épicier!*

Partenaire A

1. Vous avez spontanément invité vos voisins à dîner ce soir. Il vous manque encore les ingrédients suivants. Vous allez vite à l'épicerie du coin:

Il me faut …
Il me faudrait …
Je voudrais …
J'ai besoin de …
Auriez-vous …?

2. À vous maintenant de servir B. Voilà ce qu'il vous reste dans votre magasin:

Oui, combien en voulez-vous?
Je vous en donne combien?
Un kilo ou plus?
Un litre?
Une douzaine?

Oh, je suis désolé(e)   mais je n'ai plus de …
                         mais je n'en ai plus.

38 Vite chez l'épicier!

Partenaire B

1. Votre partenaire A a invité spontanément ses voisins à dîner ce soir. Vous êtes l'épicier/épicière du coin et vous le servez:

Oui, combien en voulez-vous?
Je vous en donne combien?
Un kilo ou plus?
Un litre?
Une douzaine?

Oh, je suis désolé(e) | mais je n'ai plus de ...
                      | mais je n'en ai plus.

2. C'est vous maintenant qui avez invité spontanément vos voisins et il vous manque plusieurs choses pour le dîner. Vous allez à l'épicerie du coin:

Il me faut ...
Il me faudrait ...
Je voudrais ...
J'ai besoin de ...
Auriez-vous ...?

2 joueurs

moyen

20'

39 Un cadeau

Partenaire A

1. C'est bientôt Noël et vous voulez faire des cadeaux aux personnes suivantes. Mais quoi leur offrir? Vous demandez conseil à votre partenaire B:

Exemple:

Votre collègue adore les animaux.

Vous: Qu'est-ce que je pourrais bien offrir à ma/mon collègue?
Avez-vous/As-tu une idée de ce que je pourrais offrir à ma/mon collègue?

B: Qu'est-ce qu'elle/il fait pendant ses loisirs?
Quels sont ses loisirs?
Elle/Il s'intéresse à quoi?

Vous: Je crois qu'elle/il adore les animaux.

B: Eh bien, offrez-lui/offre-lui un livre sur les animaux!

Vous: Ça, c'est une très bonne idée. Merci!
Merci pour la bonne idée!
Vous êtes/tu es génial (e). Merci!

a) Votre voisine qui adore lire.

b) Votre mère qui écrit souvent.

c) Votre oncle et votre tante qui sont des passionnés de musique.

d) Votre grand-père qui aime beaucoup lire mais qui hélas ne voit plus très bien.

e) Votre frère qui adore peintre.

f) Votre meilleure amie qui attend un bébé.

g) Votre nièce qui voudrait tellement un vélo mais qui est encore trop jeune.

h) Votre fiancé(e) que vous allez épouser prochainement.

2. Maintenant, c'est au tour de B de vous demander conseil. Vous pourriez, par exemple, lui recommander les objets suivants:

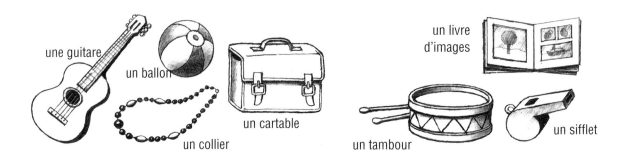

une guitare — un ballon — un collier — un cartable — un livre d'images — un tambour — un sifflet

39 Un cadeau

Partenaire B

1. C'est bientôt Noël et votre partenaire A voudrait faire des cadeaux à plusieurs personnes. Mais quoi leur offrir? A vous demande conseil, aidez-le/la:

Exemple:

Le/La collègue de A adore les animaux.

A: Qu'est-ce que je pourrais bien offrir à ma/mon collègue?
Avez-vous/As-tu une idée de ce que je pourrais offrir à ma/mon collègue?

Vous: Qu'est-ce qu'elle/il fait pendant ses loisirs?
Quels sont ses loisirs?
Elle/Il s'intéresse à quoi?

A: Je crois qu'elle/il adore les animaux.

Vous: Eh bien, offrez-lui/offre-lui un livre sur les animaux!

A: Ça, c'est une très bonne idée. Merci!
Merci pour la bonne idée!
Vous êtes/tu es génial (e). Merci!

Votre partenaire A pourrait offrir, par exemple, les objets suivants:

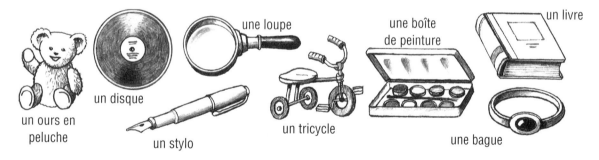

un ours en peluche · un disque · une loupe · un stylo · un tricycle · une boîte de peinture · une bague · un livre

2. Vous aussi, vous aimeriez faire quelques cadeaux. Mais quoi? Demandez conseil à votre partenaire A.

a) Vos neveux qui ont 5 et 7 ans et qui adorent jouer ensemble.

b) Votre belle-sœur qui raffole des bijoux.

c) Le fils de votre voisine dont le passe-temps préféré est de faire du bruit.

d) Votre copain qui, en dehors de son travail, est arbitre dans un club de football.

e) Votre fille et votre fils qui adorent jouer dans le jardin.

f) Votre femme de ménage qui voudrait enfin apprendre à jouer d'un instrument de musique.

g) Votre nièce qui entrera, la rentrée prochaine, à l'école.

h) Le fils de vos propriétaires qui adore les livres mais qui ne sait pas encore lire.

2 joueurs

avancé

20'

40   Savoir se défendre

Partenaire A

1. C'est important de savoir dire ce que l'on pense. À vous de vous entraîner dans les situations suivantes:

> Je suis désolé(e) de devoir vous/te faire remarquer que …
> Excusez-moi, mais …/Excuse-moi, mais …
> Pourriez-vous/Pourrais-tu …?
> Auriez-vous/Aurais-tu la gentillesse à l'avenir de …?

a) Vous avez pris un taxi. Le chauffeur conduit vraiment trop vite. Vous avez peur.

b) Votre collègue veut toujours tout faire et pas toujours très bien.

c) Vous jouez une fois par semaine au tennis avec votre partenaire B. Il arrive à chaque fois au moins dix minutes en retard. Cela vous énerve profondément.

d) Vous faites la queue chez le boucher. B vous passe devant.

e) Vous avez loué une pièce de votre appartement à B qui utilise un parfum très fort que vous ne supportez pas.

f) B ne vous téléphone que lorsqu'il/elle a besoin de vous et lorsque vous vous rencontrez, il/elle ne parle que de lui/d'elle. Vous en avez ras-le-bol!

2. C'est votre partenaire B qui maintenant se plaint. À vous de réagir poliment:

> Oh, pardon, mais je n'avais pas remarqué que …
> Oh, je suis désolé(e) … Pardonnez-moi/Pardonne-moi de vous/te …
>
> Je m'excuse, mais je ne savais pas que …
> Excusez-moi/Excuse-moi, mais …

a) Vous expliquez à B que vous êtes un pessimiste.

b) Vous n'avez pas de garage.

c) Votre chien est encore jeune. Il est un peu fou-fou mais il n'est absolument pas dangereux. Comme il a besoin de beaucoup courir, vous le laissez jouer dans le jardin.

d) Vous adorez regarder le soir la télévision mais vous entendez mal.

e) Vous êtes fumeur et vous travaillez dans le même bureau que celui de B.

f) Vous êtes au théâtre et vous avez déjà pris place. La pièce va commencer dans quelques instants.

40 Savoir se défendre

Partenaire B

1. A se plaint auprès de vous dans les situations suivantes. À vous de réagir poliment:

> Oh, pardon, mais je n'avais pas remarqué que …
> Oh, je suis désolé(e) … Pardonnez-moi/Pardonne-moi de vous/te …
>
> Je m'excuse, mais je ne savais pas que …
> Excusez-moi/Excuse-moi, mais …

a) Vous êtes le chauffeur du taxi. A est votre client.

b) Vous êtes le/la collègue de A.

c) Vous jouez une fois par semaine au tennis avec A qui arrive toujours dix minutes à l'avance.

d) Il y a la queue chez le boucher. Vous passez devant tout le monde.

e) Vous êtes locataire chez A et vous utilisez des parfums très forts.

f) Vous ne téléphonez à vos amis que pour leur demander un renseignement ou pour parler de vous.

2. C'est important de savoir dire ce que l'on pense. À vous de vous entraîner auprès de A dans les situations suivantes:

> Je suis désolé(e) de devoir vous/te faire remarquer que …
> Excusez-moi, mais …/Excuse-moi, mais …
> Pourriez-vous/Pourrais-tu …?
> Auriez-vous/Aurais-tu la gentillesse à l'avenir de …?

a) Les sujets de conversation de A ne sont jamais très gais: catastrophes, accidents, guerres, tortures, maladies.

b) A gare toujours sa voiture devant votre garage.

c) Le chien de A est énorme et court librement un peu partout. Vous le trouvez agressif et vous en avez peur.

d) A met tous les soirs son poste de TV trop fort et cela vous dérange.

e) Vous travaillez dans le même bureau que A qui est un grand fumeur. Vous protestez de devoir toujours respirer la fumée de ses cigartettes.

f) Vous arrivez au théâtre où vous avez la place n°32. Mais à cette place est déjà assis A.

2 joueurs

moyen

20'

41 Les bons conseils

Partenaire A

1. Vous avez un problème et vous demandez à votre partenaire B de vous aider:

J'ai un problème.	Tu pourrais m'aider? J'aimerais avoir votre/ton avis.
Je ne sais pas ce que je dois faire.	Qu'est-ce que vous/tu en pensez/penses?

a) Votre voisin organise presque tous les soirs des fêtes chez lui.

b) Vous avez le hoquet.

c) Vous avez perdu votre portemonnaie.

d) Vous êtes très fatigué.

e) Vous avez perdu votre emploi.

f) Vous avez attrapé un coup de soleil.

g) Vous habitez à la campagne. Il y a seulement un bus qui passe deux fois par jour, le matin et le soir. Vous avez déjà raté trois fois votre permis de conduire.

h) Vous venez d'acheter un magnétoscope et il ne fonctionne déjà plus.

i) Vous avez mal à la tête.

j) Vous avez du mal à vous endormir le soir.

2. C'est maintenant au tour de B de vous exposer quelques-uns de ses problèmes. À vous de l'aider:

Il faut / Il faudrait + infinitif

À mon avis vous devriez/tu devrais

À votre place/À ta place, je …

Je vous/te conseille de …

faire du yoga	acheter un nouveau livre
aller à la teinturerie	boire un citron pressé chaud
chercher un babysitter	porter plainte au commissariat
utiliser des écouteurs	prendre un crédit
faire un régime	écrire une lettre

41 Les bons conseils

Partenaire B

Votre partenaire A vous explique ses problèmes. À vous de l'aider:

> Il faut / Il faudrait + infinitif
>
> À mon avis vous devriez/tu devrais
>
> À votre place/À ta place, je …
>
> Je vous/te conseille de …

acheter une mobylette	boire un verre d'eau
aller au plus vite à l'Agence Nationale pour l'Emploi (ANPE)	partir en vacances
réclamer auprès du vendeur	faire des cataplasmes de yaourt
faire une promenade le soir	prendre un cachet
parler avec …	aller au bureau des objets trouvés

2. Maintenant, c'est à votre tour d'avoir quelques problèmes. Avec l'aide de votre partenaire A, tout ira beaucoup mieux:

a) Vous aimeriez sortir de temps en temps le soir mais vous n'avez personne pour garder votre bébé.

b) Vous adorez regarder la télévision mais votre mari préfère lire.

c) Vous voulez vous acheter une voiture mais vous n'avez pas d'argent.

d) Vous êtes très enrhumé(e).

e) Vous avez pris cinq kilos en vacances.

f) Vous vous êtes disputé(e) avec votre meilleur(e) ami(e).

g) Vous êtes très nerveux/nerveuse.

h) On vient de vous voler votre vélo.

i) Vous avez renversé votre café sur votre chemise/chemisier.

j) On vous a prêté un livre et votre fils âgé de trois ans a fait des dessins dedans.

2 joueurs

moyen

10'

42   *Dernière minute*

Partenaire A

Jouez avec votre partenaire B un sketch en vous servant des informations suivantes:

- Il est 19.15 heures et la librairie où vous venez d'entrer ferme à 19.30 heures. Vous voulez un livre sur la peinture chinoise du 17ème siècle.

- Le vendeur vous montre un livre qui vous plaît beaucoup.

- Vous avez 300 francs dans votre portemonnaie.

- Vous n'avez ni chèque, ni carte de crédit.

- Vous mettez au moins une demi-heure pour rentrer chez vous.

- Vous tenez absolument à acheter ce livre et demandez au vendeur de vous le mettre de côté jusqu'à demain matin.

Partenaire B

Vous jouez avec votre partenaire A un sketch. Servez-vous des informations suivantes:

- Il est 19.15 heures et vous êtes vendeur/vendeuse dans une librairie.

- Vous avez un très beau livre sur la peinture chinoise du 17ème siècle.

- Ce livre coûte 395 francs.

- Vous acceptez aussi les chèques et cartes de crédit.

- Le magasin ferme à 19.30 heures.

- Vous êtes prêt à réserver les livres mais le client doit payer un acompte de 10%.

43 Gendarmes et voleurs

de 3–6 joueurs

avancé

20'

Ce jeu se joue debout.

Former deux équipes. Les joueurs se placent en deux rangées face à face et chaque rangée se numérote de 1 à 6. Ainsi, vous obtenez deux fois chaque chiffre. Puis, placer la carte sur laquelle sera inscrite un objet au milieu. Appeler, par exemple, le chiffre 3 et les deux joueurs portant ce chiffre viennent se positionner au milieu, devant la carte. À chacun maintenant de négocier pour persuader le coéquipier que cet objet lui appartient. L'équipe qui a remporté le plus grand nombre d'objets a gagné. La durée du jeu est à limiter.

Attention: Pour la liste des objets ci-dessous proposés (mais à vous aussi d'en trouver d'autres), vous pouvez écrire, dessiner ces objets sur un carton ou bien, s'il ne sont pas trop volumineux, les apporter en classe.

Objets proposés:

une bague	des gants
un portemonnaie	un parapluie
une poupée	un sac en plastique contenant des provisions
un billet de 200 francs	un livre
une écharpe	une bicyclette

> C'est à moi, je vous le jure, parce que …
> Regardez, je reconnais …
> Mais voilà mon/ma …
> Je viens juste de le/la perdre
> Je vais vous prouver que c'est bien à moi: …
> Ce/cette … m'appartient parce que …
> Vous voulez des preuves?

4–12 personnes

débutant

20'

44   Ah, non!

Distribuez le texte ci-dessous (ou un texte de votre choix) à vos participants. Lisez-le tranquillement une ou deux fois ensemble.

Demandez ensuite à vos participants de se lever et de former une file indienne en posant la main droite sur l'épaule de son voisin de devant. De la main gauche, ils tiennent la feuille avec leur texte. Ils avancent à travers la salle. Un participant commence à lire le texte et fait volontairement une erreur (par exemple «je» à la place de «vous»; «voitures» à la place de «lapins») à l'endroit de son choix. Les autres doivent reconnaître l'erreur, s'écrier aussitôt «AH,NON!», taper en même temps du pied et rétablir le mot correct. Puis c'est au tour du suivant de faire une erreur et ainsi de suite jusqu'à ce que tous tes participants aient fait leur erreur.

Texte proposé:

Par un beau jour d'été, le prince et la princesse se promènent dans une grande forêt.

☐ Regardez, Prince, les oiseaux nous saluent!

◯ Et le vent agite les feuilles tout doucement pour nous dire bonjour!

☐ Comme tout est beau et comme j'aime la nature!

◯ Moi aussi, mon amie. Je me sens même l'âme à vous faire un poème.

☐ Oh, mon bon prince, je vous en prie, n'hésitez pas! Je vous écoute.

Le prince et la princesse s'allongent sur un lit de mousse. Le soleil brille encore plus fort, les oiseaux chantent encore plus gaiement et les fleurs s'empressent de répandre leurs parfums. Même trois petits lapins se sont assis autour d'eux.

☐ Allez-y, mon doux prince, vous savez combien j'aime la poésie. Commencez, je vous en prie…

Le prince tousse un peu, s'enfonce confortablement dans la mousse, ferme les yeux, attend quelques instants et récite:

Ciel bleu azur
Soleil levant
Les flots roulent
Tout se calme …

Puis, c'est le silence. La princesse attend. Cinq minutes, dix minutes, douze minutes. Rien. Quinze minutes, vingt minutes. Rien, rien. Trente minutes, trente-huit minutes. Toujours rien. Elle se tourne alors prudemment vers le prince et le regarde attentivement. Quelle tristesse! Son beau prince vient de s'endormir…

Remarque: Si les participants sout arrivés à la fin du texte et sil reste des participants qui doivent encore faire leur erreur, recommencez la lecture du texte au début.

Solutions des jeux de logique

Page 28, solution du jeu 12: Notre rue

	N° 1	N° 3	N° 5	N° 7	N° 9
Nom	Madame Camille	Françoise	Alain	Madame Lambert	Monsieur Merlan
Âge	39	7	21	49	89
Profession	laborantine	écolière	vendeur	médecin	retraité
Passe-temps	natation	vélo	lecture	photographie	lecture
Plat préféré	fromage	spaghettis	entrecôte	tarte aux fraises	spaghettis

Page 30, solution du jeu 13: À la cantine

	N° 1	N° 3	N° 5	N° 7	N° 9
Prénom	Louis	Bernard	Nadine	René	Martine
Profession	informaticien	ingénieur	comptable	représentant	chef du personnel
Plat	saucisses aux lentilles	steak frites	salade	gratin de légumes	paella
Dessert	mousse au chocolat	orange	glace	tarte aux pommes	glace
Boisson	eau	bière	vin blanc	vin rouge	——

Page 32, solution du jeu 14: Photo de famille

Noms	Charlotte	Véronique	Michel	Sophie	Paul	Didier
Degrés de parenté des personnes entre elles	la sœur de Sophie	la fille de Charlotte	l'arrière petit-fils de Paul	la grand-mère de Michel	le beau-père de Sophie	le petit-fils de Paul
	la tante de Didier	la cousine de Didier	le fils de Didier	la belle-fille de Paul	le grand-père de Didier	le fils de Sophie
	la grand-tante de Michel	la nièce de Sophie	le petit-fils de Sophie	la sœur de Charlotte	l'arrière grand-père de Michel	le neveu de Charlotte
	la mère de Véronique			la tante de Véronique		le cousin de Véronique
				la mère de Didier		le père de Michel
Passe-temps	travaux manuels	randonnées pédestres	peinture	peinture	lecture	tennis
Âge	58	29	5	62	86	34

Contenus

Jeu	Fonctions communicatives	Structures grammaticales et lexicales	Durée	Niveau
1 Questions indicrètes	Poser des questions personnelles. Parler de soi.	Conditionnel. A mon avis … Moi, je …	10'	moyen
2 Libre comme l'air	Maîtriser des comparaisons imagées souvent utilisées dans la langue française.	Adjectifs masculins/ féminins. Dictons et comparaisons.	10'	moyen
3 Qualités et défauts	Poser spontanément des questions et savoir y répondre. Manier les contraires.	Phrases interrogatives. Les contraires.	20'	avancé
4 Qu'est-ce que c'est?	Savoir associer, décrire et définir quelque chose. Je pense à …	parce que, afin que, pour + inf.	30'	avancé
5 A tire-larigot	Savoir parler en équipe.	Adjectifs. C'est. Pour + inf.	20'	débutant
6 D'accord – Pas d'accord	Défendre une opinion. Parler de ce qu'on aime et de ce qu'on n'aime pas.	Conditionnel. La négation. Vouloir, désirer, préférer.	10'	débutant
7 La bourse aux échanges	Parler de ses expériences personnelles.	Passé-composé. ne…pas, ne…plus, ne…jamais.	10'	débutant
8 Souvenirs d'enfance	Parler de son enfance et poser des questions à d'autres sur ce thème.	Concordance des temps. Imparfait.	10'	moyen
9 En avant les sentiments	Parler de ses humeurs et en nommer les raisons.	Présent. La 1ère personne du pluriel nous. La conjonction quand.	15'	moyen
10 Parler de la pluie et du beau temps	Donner son opinion et demander la leur à d'autres personnes.	Subjonctif. Conditionnel. Les verbes exprimant une opinion avec «que».	15'	avancé
11 Les professions	Savoir nommer des compétences par rapport à une profession. Convaincre et se mettre d'accord.	Adjectifs. Le verbe devoir. Il faut que + subjonctif.	30'	moyen
12 Notre rue	Parler de l'âge, de la profession, des centres d'intérêts de différentes personnes. Travail d'analyse et de synthèse.	Présent de l'indicatif. Savoir dire l'âge d'une personne.	20'	moyen
13 A la cantine	Connaissance des aliments et boissons. Apprécier, détester, donner son avis. Travail d'analyse et de synthèse.	Discours indirect. Pronoms relatifs. La comparaison. Vocabulaire alimentaire	20'	avancé
14 Photo de famille	Parler des membres d'une même famille et de leurs rapports entre eux. Travail d'analyse et de synthèse.	Vocabulaire des degrés de parenté.	20'	moyen
15 L'agenda	Savoir prendre des rendez-vous, fixer des dates et des horaires.	Devoir, vouloir, pouvoir. Les jours de la semaine.	10'	débutant
16 Bizarre, bizarre	Développer la créativité. Faire des suggestions, propositions. Savoir décrire.	Les pronoms relatifs. Le conditionnel. Si c'était …, ce serait …	10'	moyen
17 Bon voyage!	Faire une proposition et l'accepter. Les spécialités régionales. Localiser des villes. Constituer un menu. Invitation.	Le conditionnel. Carte France page 105.	20'	débutant
18 Êtes-vous psychologue?	Trouver des raisons à certains comportements.	La causalité. Le pronom interrogatif Pourquoi?.	30'	moyen

Jeu	Fonctions communicatives	Structures grammaticales et lexicales	Durée	Niveau
19 La vie en rose et en noir	Voir différentes situations sous leurs aspects positifs et négatifs.	Le futur et le conditionnel.	30'	avancé
20 Un dimanche à trois	Essayer de convaincre d'autres personnes. Accepter, refuser, faire des propositions, exprimer des souhaits.	Il faut que + subjonctif. Le conditionnel. Le futur.	30'	moyen
21 Au restaurant	Réclamer, payer, exprimer ses désirs dans un restaurant.	Formules de politesse.	20'	débutant
22 Grands et petits désirs	Demander à quelqu'un la permission ou de l'aide. Exprimer un désir. Donner des explications.	Formules de politesse. Le conditionnel. L'interrogation. L'infinitif.	30'	moyen
23 Virages dangereux	Juger si une phrase est correcte-ment construite.	Les prépositions. Présent et passé-composé.	15'	moyen
24 Pourquoi et pourquoi pas	Justifier une situation en exprimant le but et la raison.	Finalité, causalité, infinitif.	30'	avancé
25 Qui parle?	Décrire une situation.		20'	avancé
26 Salade de syllabes		Enrichissement du vocabulaire.	15'	débutant
27 Faites votre choix!	Comparer plusieurs possibilités et donner la préférence à l'une d'elle.	La comparaison. Le conditionnel avec si.	30'	moyen
28 Mode d'emploi	Utilisation d'objets dans des lieux différents. Développer la créativité.	Conditionnel, causalité, finalité, infinitif avec pour.	20'	moyen
29 Testez vos connaissances!		Approfondir et enrichir le vocabulaire.	30'	avancé
30 Les quatre saisons	Développer la créativité.	Finir correctement une phrase. La conjonction mais.	20'	débutant
31 Les symboles	Reconnaître panneaux et symboles. Développer la créativité.	Le conditionnel: si + présent.	30'	moyen
32 Les bonnes résolutions	Parler de soi. Développer la créativité et la spontanéité.		20'	avancé
33 Des gestes et des mots	Faire travailler les différentes parties du corps. Développer la créativité.	Activer le vocabulaire.	20'	avancé
34 La recette du bonheur	Modèle pour une recette de cuisine. Développer la créativité.	Le partitif. Il faut … . Approfondir le vocabulaire.	30'	moyen
35 Histoire pour rire	Rapidité de compréhension. Reconstituer un texte.	Pronoms relatifs. Pronoms personnels. Futur proche. L'impératif.	10'	débutant
36 Hier, aujourd'hui, demain	Rapidité de compréhension. Reconstituer et finir un texte. Développer la créativité.	Présent, futur, passé-composé, imparfait.	15'	moyen
37 Dans la rue	Parler de sa santé, des vacances, du temps. Faire des propositions. Accepter ou refuser une invitation.	Imparfait, passé-composé, futur. Il faut que …	10'	moyen
38 Vite chez l'épicier!	Savoir acheter et vendre. Les aliments.	Formules de politesse. Le partitif.	15'	débutant

Jeu	Fonctions communicatives	Structures grammaticales et lexicales	Durée	Niveau
39 Un cadeau	Donner des idées à quelqu'un et le conseiller.	Pronoms personnels et relatifs. Les adjectifs possessifs. L'interrogation.	20'	moyen
40 Savoir se défendre	S'excuser, réclamer, se plaindre, dire à quelqu'un ce que l'on pense.	Formules de politesse. Imparfait, passé-composé.	20'	avancé
41 Les bons conseils	Donner son avis. Conseiller quelqu'un. Exposer un problème.	Il faut + infinitif. Passé-composé. Le conditionnel.	20'	moyen
42 Dernière minute	Demander un article dans un magasin et le faire mettre de côté. Savoir donner des explications.		10'	moyen
43 Gendarmes et voleurs	Apprendre à se défendre. Savoir convaincre. Affirmer quelque chose et le prouver.	Causalité, finalité. Les adjectifs possessifs.	20'	avancé
44 Ah, non!	Associer la parole et les gestes. Développer la créativité. Compréhension de texte.	Enrichir le vocabulaire. Les chiffres.	20'	débutant